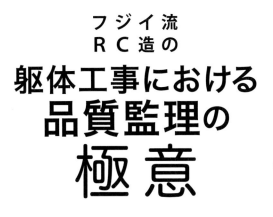

フジイ流
RC造の
躯体工事における品質監理の極意

藤井良一 著
Ryoichi FUJII

建築技術

品質の高い
化粧打放しコンクリートを
目指して

　筆者は，建築現場の工事監理を長年経験してきたなかで，近年，特に感じることは，鉄筋コンクリート造を担う躯体工事作業員が高齢化していることである。若い躯体工事作業員が20年ほど前から少なくなり，技術継承が難しい状況になっている。また，鉄筋コンクリート造での躯体工事の施工管理や指導を行う建設会社でも，詳しい知識を有する施工技術者が少なくなっている。このような現状のままでは，造詣の深い後継者の度合いが懸念されることが予想される。

　コンクリートは長寿命な材料であり，建築物として一度構築されると，品質の良し悪しにかかわらず，長期間にわたり維持することになる。竣工後にかかる維持保全の労力を考慮すると，施工時の大変さに左右されることなく，高品質なコンクリートが求められる。これから迎えるストック型社会の中で，安直なスクラップ・アンド・ビルドは避けられる傾向が強まると思われるが，短工期が優先され，段取りを省き，条件にかかわらずコンクリートを打設し，打設後に補修で対処している現場もみられる。

　建築工事標準仕様書やJASSには，必要な規基準が記載されているが，ジャンカやコールドジョイントがなく，ひび割れのない密実なコンクリートをつくるためには，綿密な施工計画が必要不可欠である。また，コンクリート打設時には，待ったやり直しはなく，正に真剣勝負のやり取りになる。このような実践経験なくして，高品質なコンクリートを実現することは困難である。

本書は，最後に鉄筋工事の注意事項やコンクリート工事の注意事項を取り上げているが，躯体工事（化粧打放しコンクリート）の重要ポイント（基本）である型枠工事に重点を置いている。つまり，化粧打放しコンクリートに焦点を絞り，実践的なノウハウを豊富な写真とともにわかりやすく解説することに務めた。一冊の書籍として，型枠や配筋，コンクリートの打ち込み方などを詳細に解説する形式は初めての試みである。

　化粧打放しコンクリートは施工者の経験により培われ，さまざまな作法が想定されるが，本書は「藤井流」相伝の書である。

　本書は，上記の趣旨から施工現場の専門工事業者および施工技術者にとどまらず，構造設計者，意匠設計者，現場監理者も含めた方々を読者対象としている。

　一品生産の建築は，建設環境の工業化・機械化が進展しても，アナログの手仕事はなくなることはなく，逆に手仕事が減るに従い，その仕上りの成否が建物を印象付けることになる。

　丁寧な仕事を体験することが少なくなり，優れた技術が忘れ去られつつある現代において，本書は貴重な参考書であり，若手の設計者や施工技術者は本書を手に取り，技術の継承と発展を目指すことを期待する。

2018年9月吉日

藤井良一

目次

品質の高い化粧打放しコンクリートを目指して　002

第1章　型枠工事　006

1. 階段型枠　008
2. 目地棒　020
3. 段差型枠　030
4. 外周壁通り直し　034
5. 壁・柱の入隅部の留　037
6. 腰壁　040
7. 本実型枠　043
8. 円形型枠　050
9. 後施工型枠・建具アンコ材　056
10. X・Y軸のPコン　060
11. 打継ぎ　062
12. 出隅・入隅の直角精度　074
13. 土間スラブ・止枠　080
14. 打放し型枠　083

第2章　特殊型枠　094

1. 免震基礎型枠　096
2. 中間階逆打ち工事　108
3. 片持ち出しPC階段　110
4. 釜場・排水溝　112
5. PC柱・充填石型枠・天井PC板取付工法　114
6. 基礎余掘部・フーチング蓋型枠　125

第3章　打込み型枠資材　128

1. タイパッキン　130
2. ミニコン　133
3. 丸環　138
4. 鉄団子　141
5. 地下二重壁排水　144

第4章　鉄筋工事　146

1. 鉄筋工事の勘所と注意ポイント　148

第5章　コンクリート工事　152

1. コンクリート工事の勘所と注意ポイント　154
2. コンクリート打設　159
3. 鉄骨工事―柱脚無収縮モルタル注入　163
4. 屋根・スラブ勾配　165
5. 化粧打放し左官補修要領　166
6. 施工手順　174

1

型枠工事

1. 階段型枠

階段型枠は，型枠工事の中で一番手間がかかる難しい作業である。特に段裏が化粧打放しの場合，合板割付に合わせてPコン割付を等間隔にしなければならないので，どうしても蹴込み板のところにくるセパレータもあるため，締め付けがやりづらくなり，穴あきめっきアングルを**写真②**や**右図**のように入れ，セパレータを上下に互に入れ，ビス止めにすることによりホームタイで締め付けることができる。また，アングルに蹴込み型枠を乗せることにより型枠の組立がやりやすくなり安定した階段型枠となる。

アングルを取り付けるときは，階段稲妻鉄筋の取付け工程を考慮して，鉄筋作業とのタイミングを見ながら作業した方がよい。階段は，踊り場も蓋をしてコンクリート打設した方が，よいコンクリートを打設することができる。踊り場で，一旦コンクリート打設を止めない方がよい打設ができる。

型枠工事での階段型枠における勘所と注意ポイントは，以下のことである。
①階段型枠施工時，踏面，蹴込み板の下がり防止にアングルを使うとよい。
②上下枠の緊結には，階段金物を使用するとよい。
③階段手摺壁のコンクリート打継ぎ位置は，合板の継目で縦に打継ぐ。

内部階段組立

写真①については，特殊階段（R階段）型枠である。忘れてならないことは，手摺のアンカーを施工図に基づいて打ち込むことである。白い箱状の部分は手摺のアンカーである。壁面の波打ちを避けるため，壁にはタイパッキンを必ず使用する。

写真②については，階段の蓋をする場合はいなずま筋のかぶりが取れているかを確認してから，型枠の蓋をした方がよい。

打放し階段型枠

9, 13頁の図からもわかるように，踊り場も型枠で上蓋をして，コンクリート打設することが大切である。蓋をしないと，休憩をしながら打設することになり，コールドジョイントが生じ，化粧打放しコンクリートとしてきれいな仕上がりにはならない。

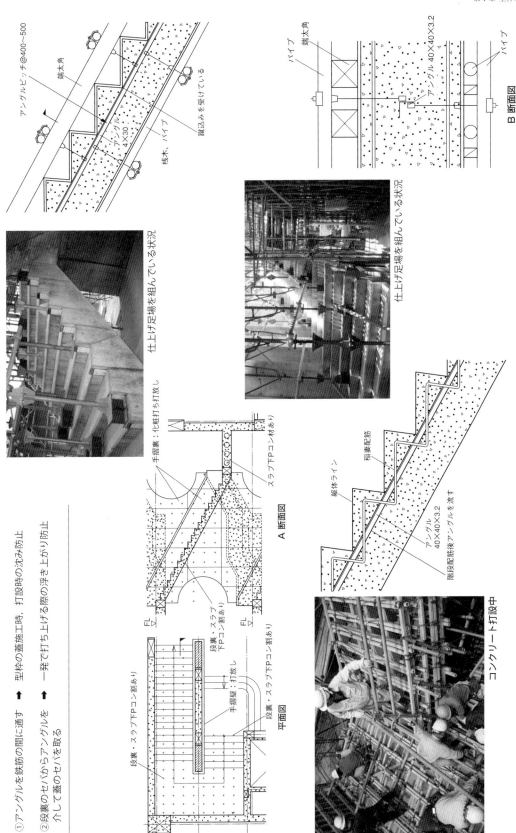

打放し階段型枠（一発で階段を上まで打ち上げるために蓋を設置する）

階段型枠受アングル

写真①については，階段型枠受アングル全体の様子である。階段型枠を組み立てるときに大切なことは，蹴込み板をアングルに乗せ安定させることである。そのことにより，踏み面に乗って作業することができるからである。

アングル取付は型枠大工の工事範囲であるが，鉄筋工とよく協議してから取り付けた方がよい。鉄筋工と型枠大工のいずれかが先行すると，作業が困難になるので，同時作業が大事となる。

写真②については，蹴込み板がアングルに乗っている状態を示している。型枠と鉄筋のかぶりを確認することが大切である。

写真③については，受アングルに型枠を乗せて作業することにより，型枠大工の作業が容易になる。また，型枠自体も安定する。

写真④については，アングルを入れることによって，段裏のスラブ厚さが設計どおり確保できる。

アングル（40×40×3.2）の保持方法は，写真のとおりセパレータでねじ止めとする。

写真⑤については，スペーサーのみではひずむ場合があるので，受アングルを用いることで躯体精度が向上する。型枠大工が型枠に乗り，作業を行うことができるため作業もはかどる。

アングルの挿入工程で注意することは，稲妻筋と横筋の配筋が完了したら，アングルを上部から差し込んで納めるようにする。鉄筋工事工程と合わせ，事前に鉄筋工と打合せをする必要がある。

写真⑥については，踊り場も型枠で蓋をしてコンクリートを打設した方がよい。そのためにもアングルを入れ，型枠の安定をよくして型枠を組んだ方がよい。

写真⑦については，踏込み板がアングルに乗っている状態を示している。

写真⑧⑨については，階段幅に合わせてアングルの本数を決めた方がよい。目安は 400 mm@ 前後。

1. 階段型枠

階段型枠

壁型枠の組立で大切なことは，縦端太と桟木は壁または梁天端より上に出さないようにする。

写真⑦のように横桟木を通し，横桟木の下端で桟木も縦端太も止めるようにする。そのことにより天端の通りがよくなる。桟木と縦端太をコンクリート天端より上に出さないようにすることは，全体の通りに小波を出さないためにも最も大切なことである。

写真①⑥については，踊り場も型枠で蓋する。

写真②ついては，梁天端に横桟木が取り付いていないのでよくない例である。

写真③については，踏面，蹴込みとも型枠の建込みが完了した状態を示している。

写真④については，アングルが型枠下にあるため，作業員が歩くことができる。

写真⑤については，アングルの上に蹴込み板や型枠を乗せると，蹴込み板が安定し，踏面や型枠を取り付ければ写真のように上に乗り，次の作業ができる。

写真⑥については，階段下端型枠が完了した状態を示している。

写真⑧については，狭い階段の締付方法である。

写真⑨については，上下の壁型枠を固定する金物である。階段壁の上下は固定しないので，13頁の図に示す階段金物で固定するとよい。

写真⑩については，タイパッキンも締付け端太を取り付ける前に，フォームタイに先付けするとよい。

写真①②③については，梁型枠は縦桟木と縦端太が上に出ているためよい型枠とはいえない。

横桟木が天端に取り付いていない例

横桟木が天端に取り付いていない例

第 1 章 型枠工事

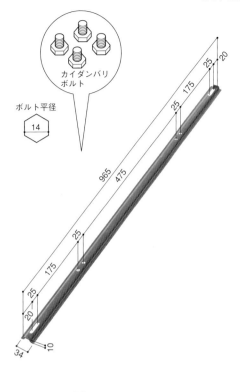

階段金物の止め金物
提供：㈱国元商会

階段金物

R階段型枠組立（円形階段）

踊り場が円形型枠で内外化粧打放しコンクリートの場合，内部に「横アングル」をPコン間隔に入れ，内外ともにアングルからセパレータを取るようにするとよい。

写真①については，R階段の壁型枠の締付けは小さい半径の場合には，横端太を鉄筋としてもよい。

写真②③④については，曲げ型枠の加工は工場加工とし，現場で組み立てる型枠大工も少人数の方が，出来上がりのばらつきが少ない。

写真⑤⑥⑦については，床で原寸図を起こして，原寸図に基づいてアングルにセパレータを溶接したアングルを現場で取り付ける。

写真⑧については，工場加工した曲げ型枠と横端太を組み立てて完了した状態である。

写真⑨については，Rの大きい階段は，横端太は工場加工で曲げた方が，精度のよい型枠ができる。

加工コストが掛かる問題が起きるため，塩ビパイプを混ぜて使うとよい。

写真⑩については，工場で曲げ加工した段裏型枠を現場で組み立てて完了した状態を示している。

第1章 型枠工事

1. 階段型枠

仕上完成階段

写真①②④⑤⑦については，工場加工した型枠を現場で，型枠大工が組立て仕上がった階段である。このようなR階段は少人数の型枠大工で時間を掛け，丁寧に組み立てることが大切である。

仕上手摺金物なども型枠施工図に基づいて，丁寧に工場製作した方がよい。

写真③については，手摺が階段に取り付けられた状態を示している。

写真④⑤⑥⑦については，屋内階段の場合では，打継ぎ目地はシールをせずにモルタルで仕上げた方がよい。

Pコンも5mm落ちで，黒みがかったグレーで仕上げると見た目がよい。

写真⑦については，合板の段差が多少あっても，補修の必要はない。

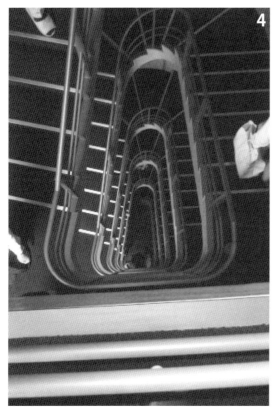

1. 階段型枠

　写真⑧⑨⑩⑪⑫⑮については，階段ささらには内部壁から開き止めの長いセパレータを設け，コンクリート打設中に開かないようにする。そのため，Pコンを割り付けた状況を示している。

　写真⑬⑭については，段裏もピン角はきれいに出るように，型枠を締め付けた方がよい。

　写真⑯については，壁型枠は目地の通りが生命線である。

　化粧打放しコンクリートをきれいに見せることは，目地を通すことである。

第1章 型枠工事

2. 目地棒

目地棒には，各階の打継ぎ目地棒と縦目地棒がある。打継ぎ目地棒は，上階を打設するまでは撤去しない方が精度のよい目地ができる。また，入隅部は留（38頁の図参照）とすることが大事である。

目地棒材料は，木製にビニールライニングした材料を使った方がよい。発泡材や塩ビ材は，現場で折れやすく破損しやすいためである。

開口部目地位置は，内部と外部で位置が違うので，注意しなければならない。

また，コンクリート打設後は，縦目地の位置がわかるように，縦目地の方を出しておくようにする。

型枠工事での目地棒における勘所と注意ポイントは，以下のことである。

①縦目地と横目地の交差は縦目地を通し，上階の建込み時にわかるようにし，上階打設後に解体した方がよい。

②下段の躯体面を汚すのを避けるため，ビニールなどを挟んで建て込まない方がよい。水平目地が通らなくなるためである。

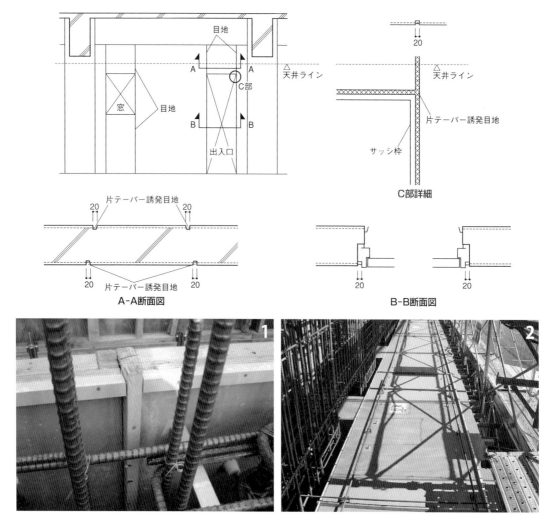

基本ルール1：目地関係

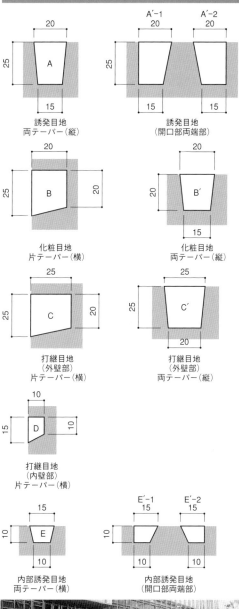

誘発目地
両テーパー（縦）

誘発目地
（開口部両端部）

化粧目地
片テーパー（横）

化粧目地
両テーパー（縦）

打継目地
（外壁部）
片テーパー（横）

打継目地
（外壁部）
両テーパー（縦）

打継目地
（内壁部）
片テーパー（横）

内部誘発目地
両テーパー（横）

内部誘発目地
（開口部両端部）

写真①②については，縦目地の通りをよくするために，目地棒は必ず上に出すようにする。横目地は通さないことを厳守する。

入隅の場合は，目地棒も桟木も留加工とする。

写真③については，目地割図に基づき目地取付けを完了する。

写真④については，柱など出隅のあるところの目地棒の納まりは，留としなければならない。

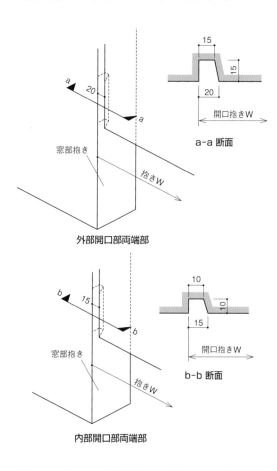

外部開口部両端部　a-a 断面

内部開口部両端部　b-b 断面

目地割

1. 階段型枠

基本ルール2：打継ぎ関係

①外壁ふかし：25 mm
- 外壁打継ぎ目地：深さ25 mm，見付け25 mm
- 打継ぎ外周部目地シール色はグレーとする。

②内壁ふかし：10 mm
- 内壁打継ぎ目地：深さ10 mm，見付け15 mm
- 内壁打継ぎ目地はモルタルで埋める。

　写真⑤⑥については，庇など鉄筋位置が打放しのため，墨が出ない場合は目地の上にテープを張ったところを示している。

③スラブ下ふかし：10 mm
- スラブ下部には誘発目地はなし。

④仮設開口部は誘発目地あり
- 誘発目地：深さ20 mm，見付け20 mm

⑤庇裏部の誘発目地は，壁面目地割に合わすこと
- 庇の目地棒の取付け方

　鉄筋ピッチもテープを使って鉄筋を組み立てた方が，墨がコンクリート面に付かなくてよい。

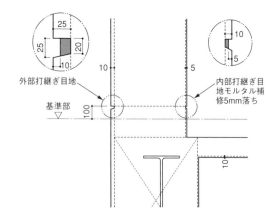

基本ルール3：セパ・釘割関係

①パネルは2・6板に加工すること
②長辺方向は端部から1/6の位置に一つ目のセパ、短辺方向は1/4の位置に一つ目のセパを取り付けること
③Pコンセメント詰め，およびシールの納めは仕上げ面より5mm落ちとすること
④釘の打ち込み位置は，長辺方向はセパ位置に合わせて，短辺方向は@200mm内外とすること（パネル中央部に釘を見せないようにする）
⑤セパ長：4mまでとする（現場係り員に要相談）
　セパピッチの最大：横600mm内外
　　　　　　　　　　縦300mm内外

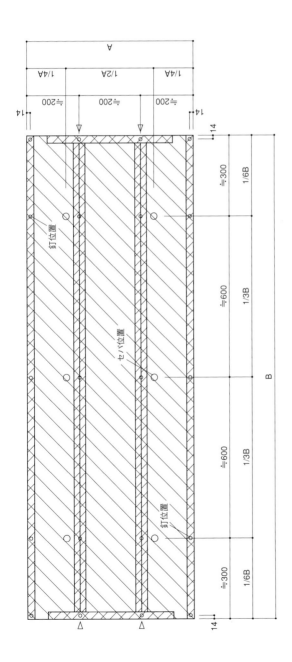

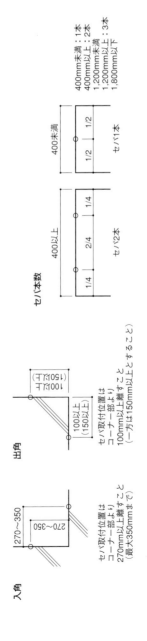

基本割付図 1：パネル・セパ・目地棒

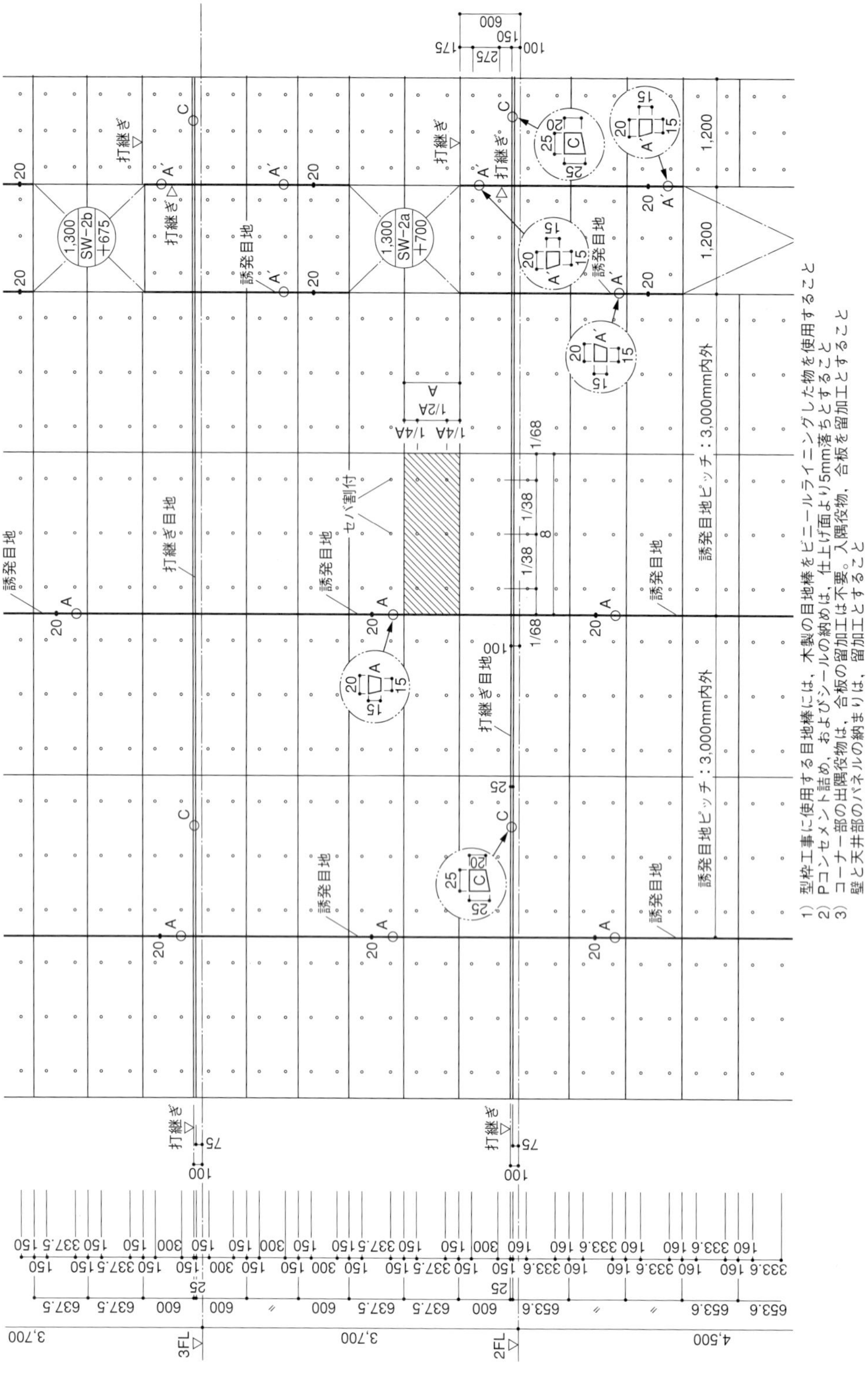

1）型枠工事に使用する目地棒には，木製の目地棒をビニールライニングした物を使用すること
2）Pコンセメント詰め，およびシールの納めは，仕上げ面より5mm落ちとすること
3）コーナー部の出隅役物は，合板の留加工は不要。入隅役物，合板を留加工とすること
壁と天井部のパネルの納まりは，留加工とすること
誘発目地ピッチ：3,000mm内外
誘発目地
打継ぎ目地
打継ぎ
セパ割付
SW-2a
SW-2b
3FL
2FL

基本割付図 2：出隅部・入隅部

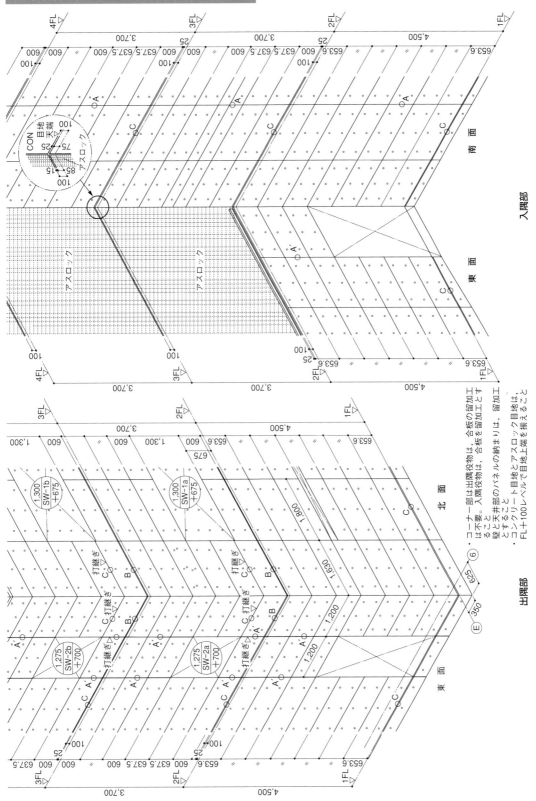

2. 目地棒

写真⑦については，単独壁の天端目地棒は桟木天端と同面とする。全体の通りは，水糸ではなく，ピアノ線をターンバックルで張った方がよい。ただし，壁が長い場合は，水糸が切れる場合があるので注意する。ピアノの線を使用する際は，指を切るなどの危険を伴う場合があるので，ガムテープなどで1mおきに目印としてぶら下げた方がよい。

写真⑧については，単独壁天端の排水溝型枠は，全体の通りが大切なため，コンクリート打設中も確認する必要がある。

写真⑨については，壁の打継ぎ天端は型枠の天端とし，打継ぎ目地も同面とする。コンクリートを打設したら上階の型枠組立が完了し，コンクリートを打設してから，下階の型枠を解体する。

写真⑩については，壁の打継ぎ型枠天端は水平打継ぎ目地も同面とする。水平打継ぎ目地棒は片テーパーとする。縦目地は上部の壁建込み時に，位置がわかるように縦目地を上に出しておく。

写真⑪については，目地棒は片テーパーと両テーパーの使用位置を間違わないようにする。

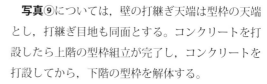

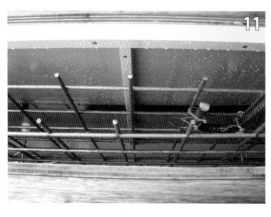

写真⑫⑬については、R面壁の打継ぎ目地はゴム製の目地とする。

写真⑭については、縦目地棒は上下に通るようにした方がよい。直角部の目地棒は型枠も当然ながら、直角精度を差金で確認した方がよい。直角精度は打設中に曲ることがあるため、打設中も差金で確認する必要がある。目地棒は留加工とする。

写真⑭⑮については、全体の通りがコンクリート打設中に曲る場合があるため、コンクリート打設中も打設完了後も、ピアノ線を張りっぱなしにして、型枠の直線を確認することが大切である。壁・梁の天端は、横桟木を通すようにする。全体の通りがよくなるためである。

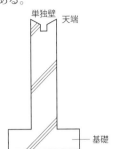

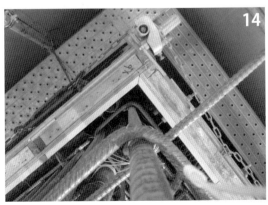

2. 目地棒

写真⑯⑰については，目地棒を留加工するだけでなく，留に隙間が生じないように取り付けることが大切である。小壁も，X・Y軸のレベル精度に十分注意して取り付けた方がよい。

写真⑱⑲については，角部が鋭角の場合も，差金で確認することが大事である。

写真⑳については，全体の通りを確認するために建込調整用サポートで押し引きしながら，コンクリート打設中も確認することが大切である。

写真㉑㉒㉓㉔については，複雑な出入りの（凹凸）ある型枠の場合は，コンクリート打設中に曲りが生じる場合があるため，角部に三角合板や直角合板などを打ち付けることが大切である。また，作業員の足場にもなる。写真㉑㉒のように，目地棒は直角精度に注意する。写真㉓㉔のように，直角精度は最も大切なので，打設前には必ず差金で確認する。

写真㉕㉖については，小壁など出隅のある型枠は組立中も，締め過ぎると変形することがあるため，建入れと垂直精度をコンクリート打設中でも確認する必要がある。

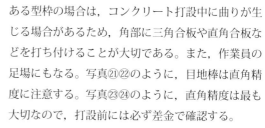

3. 段差型枠

型枠工事での段差型枠における勘所と注意ポイントは，以下のことである。
① 踊り場，庇は，天端に蓋をして打設をする。
② バルコニー立ち上がりなどは，スラブと同時に打設する。
③ 吹き出しを押さえるため，ラスもしくは型枠で下面からPコン締めとする。

段差型枠はさまざまなところで行われているが，その箇所に応じた対応をしなければならない。たとえば，外周庇との立ち上がり，スラブ段差のある壁，排水溝の浮き型枠，庇オムニヤ版の現場打設の排水溝，耐圧版の排水溝などである。

特に庇オムニヤ版の排水溝は現場型枠のセパレータ止めとして，工場でインサートを打ち込んでおいた方がよい。

写真①②については，壁，庇コーナー部はコンクリートの側圧が強いので，型枠の開きを止めるため，チェーンとターンバックルで止めるようにする。

段差型枠はコンクリートを打設すると吹き上がるため，型枠で途中まで蓋をして打設した方がよい。

また，先端の波打ちをなくすためにも，桟木を入れた方がよい。

写真③④⑤については，段差型枠は水平レベルの精度が大事であり，PC板にはインサートを工場で打ち込み，そこからフォームタイで締め付けることでレベル精度を確保する。

写真④については，工場でインサートが埋め込まれている状態である。

写真⑥⑦⑧⑨については，段差がある庇の場合，コンクリート打設時にはコンクリートが吹き出るため，ラスも併用した方がよい。

ただし，上筋だけを結束線で止めると，鉄筋と一緒に上に上がる場合があるので，下筋から止めるようにするとよい。

写真⑩については，パラペットなど立ち上がりがあり，庇を同時に打設しなければならない場合は，吹き出しが考えられるため，吹き出し防止に途中まで型枠で蓋をした方がよい。

コンクリートが打設された後，庇は下側からレベルを確認する必要がある。

鉄筋にラス止め

3. 段差型枠

写真⑪⑫については，立ち上がり躯体を同時に打設する場合は，特殊金物で，内枠を持ち上げるような組み方をするとよい。また，打設中に通りが狂う場合があるので，建込調整用サポートで押し引きして調整する必要がある。

写真⑫については，外部型枠から内部立ち上がり型枠を止めている状態である。

写真⑬⑭⑮⑯については，屋上排水溝型枠はスラブ下側からセパレータで締めるのが当然であるが，水平精度が打設中に変形する場合があるため，ピアノ線もしくは水糸で確認する必要がある。

写真⑭については，屋上排水溝型枠をスラブ下側からセパレータで締め付けている状態を示している。

写真⑮については，建込調整用サポートで押し引きして通りを直している状態を示している。

写真⑯については，スラブとの段差がある庇は，蓋をして打設した方がよい。

写真⑰については，床排水溝がある場合はスラブ下側からセパレータで締め付けた方がよい。

写真⑱については，スラブに配管ピット，排水

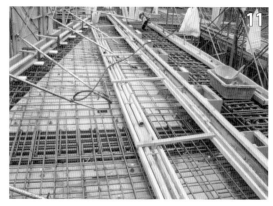

ピットなどがある場合は底盤も型枠で組立て，コンクリートを連続して打設できるようにした方がよい。

写真⑲については，スラブ中央付近に水槽または設備ピットがある場合は，深さにも関係するが，同時に打設して，上部スラブは後で打設する。

写真⑳㉑㉒については，立ち上がり型枠をコンクリート打設する場合は，金物加工して内枠を持ち上げるようにした方がよい。そのときに，内枠がどうしても下がりがちになるため，足場などからターンバックルで引っ張っておくとよい。

写真⑳については，外部型枠から内部立ち上がり型枠を止める状態を示している。

写真㉒については，内枠の型枠精度をよくするためには，金物の使用も大切である。

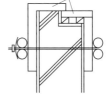

4. 外周壁通り直し

　型枠工事での外周壁通り直しにおける勘所と注意ポイントは、以下のことである。
①ピアノ線を張ったら、目立つようにテープなどを等間隔に付けるとよい。

　外壁など、通り直しは型枠工事の最終段階で大事なことである。最近は水糸で確認するのが現状であるが、短いスパンは水糸でもよいが、全体として長いスパンを確認するときは、ピアノ線をターンバックルで引っ張り、建込調整用サポートで押し引きしながら確認調整することが大切なことである。

　長いパラペット、壁の場合は、ピアノ線を張り、打設中も通りのチェックの確認を行う。コンクリート打設は、片押しで休みなしで行うことが大切である。

　写真①では、ピアノ線はコンクリート打設完了までに張っておき、打設完了後に最終確認を行う。ピアノ線は張りっぱなしだと危険なため、写真のようにテープなどで目立つようにしておく。

　写真②③④については、パラペットの型枠は通りを十分注意し、コンクリート打設も片押しで行う必要がある。回し打ちはコールドジョイントの原因となるため、避けた方がよい。

　写真⑤⑥⑦については、バルコニーや庇に排水溝がある場合は、型枠のアンコ材を型枠の下側からセパレータで締め、組み立てるとよい。

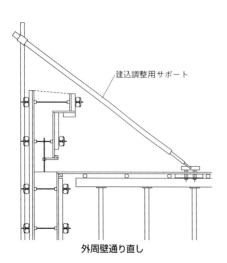

外周壁通り直し

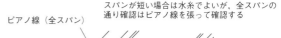
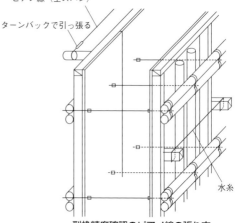

型枠精度確認のピアノ線の張り方

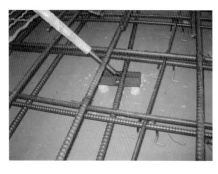

左：スラブ上止め
右：スラブ下止め

第 1 章 型枠工事

4. 外周壁通り直し

写真⑧⑨⑩については，パラペットおよび梁の立ち上がりをコンクリート打設するときは，スラブを同時に打つ場合も，スラブ面90cm位（スラブ天端型枠を組む）まで吹き上がり防止用に型枠を組み，スラブ先端に串などで止める。立ち上がりは建込調整用サポートで押し引きし，コンクリート打設中も注意して確認する必要がある。

梁を天端まで一気に打設する場合は，スラブ吹き出し防止の蓋をする。

写真⑪⑫については，梁型とパラペット立ち上がりを同時に打設する場合は，立ち上がり内枠を浮かせて組み立てる。

そのため，内枠が下がらないように鉄筋もしくは鉄骨から内枠を持ち上げる必要がある。そのとき，型枠の通りがコンクリート打設中に変形することもあるため，建込調整用サポートで押し引きして調整する必要がある。

写真⑬については，梁型のない外壁で横桟木を細かく入れ，タイパッキンを使わず，縦端太を直接フォームタイで締める方法である。

5. 壁・柱の入隅部の留

　型枠工事での壁・柱の入隅部の留における勘所と注意ポイントは、以下のことである。

①入隅部は、型枠用合板の小口を見せないため、留加工とする。

　化粧打放しコンクリートの場合は、**写真①②**に示すように型枠用合板の入隅部は、留にすることが大事である。打継ぎ目地棒も入隅部、出隅部とも留とする。留にしないと、目地棒には5mmのテーパーが付いているため、角部で段差がついてよくない。また、縦桟木も**写真①②**に示すように直角加工する。化粧打放しコンクリートの場合は、入隅の型枠は留加工にしなければならないため、**写真②**に示すように縦桟木を特殊加工し、クランプ金物で止めるようにするとよい。

　写真③については、建設前の本実型枠によるモックアップ化粧打放しコンクリートの見学会風景。

　写真④⑤については、化粧打放し型枠工事は本実型枠も同じことであるが、入隅部はすべて合板の小口が見えないようにするため、留加工とする。

5. 壁・柱の入隅部の留め

入隅部は，目地棒も合板も留とする。

写真⑥⑦については，打放し型枠での留加工で施工する際の入隅の納まりを示している。

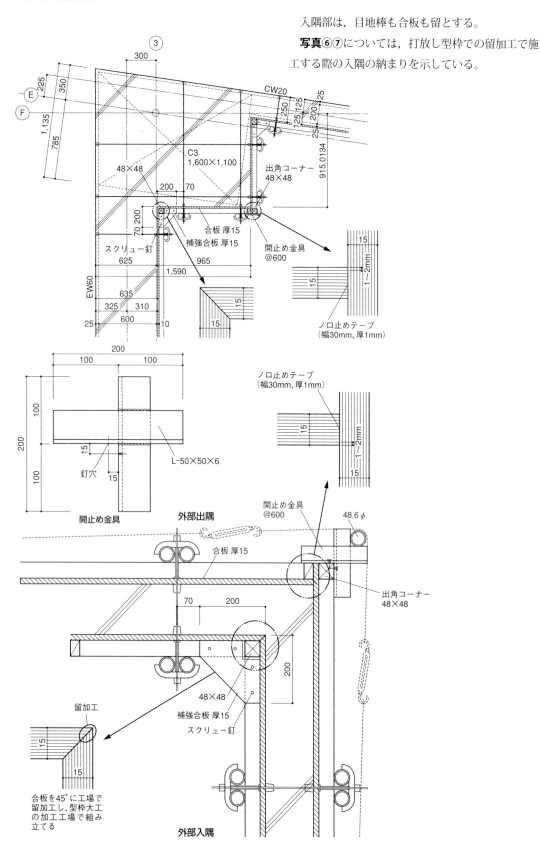

第1章 型枠工事

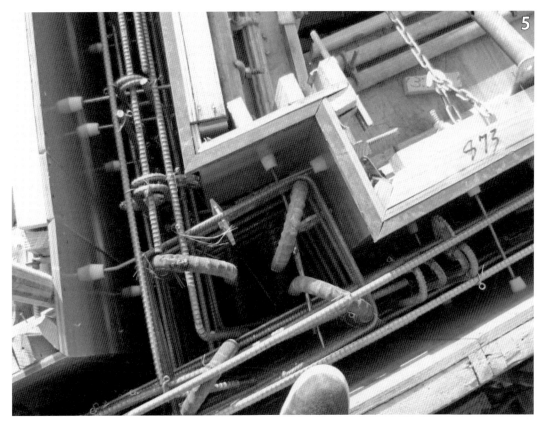

6. 腰壁

　型枠工事での壁・柱の腰壁における勘所と注意ポイントは，以下のことである。
①壁筋にセパを緊結して，上部から締める。

　腰壁の天端を型枠で蓋をして，左右の柱からコンクリートを打設する場合は，上部の梁を受けるサポートは，コンクリートの側圧が腰壁の天端型枠を上部に押し上げようとする力が加わるので，腰壁からサポートしない方がよい。腰壁にコンクリートが打設されると，側圧が上部にかかる。上部の梁にコンクリートが打設されていないため，まだ打設していない梁が上部に持ち上がる場合があるからである。

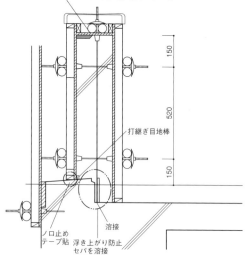

腰壁も蓋をしてコンクリート打設
※浮き上がり防止のためセパを取る
床打設時にセパ溶接用差筋を入れておく

打継ぎ目地棒

ノロ止めテープ貼　浮き上がり防止セパを溶接　溶接

腰壁を跨いで鳥居状にサポートした方がよい

写真①については，角パイプか端太角で腰壁を跨いで，鳥居状にサポートした方がよい。また，腰壁天端からサポートする場合は，サポートを外さなくても解体できるように組む。

写真②については，腰壁は噴き上げ防止のためにセパレータで締める。

写真③④⑤については，腰壁付きの躯体工事は，両柱を同時にコンクリート打設した方がよい。その際は，腰壁に浮力が加わるため，内部鉄筋から締め付ける。

また，上の梁を受けるために，腰壁の天端からサポートせずに，腰壁を跨ぎ鳥居にサポートした方がよい。

写真⑥⑦については，擁壁など天端に排水溝を設ける場合は，左右の型枠を水平に組み立て，写真に示すように排水溝を付けて組み立てるとよい。

また，コンクリート打設中に通りが悪くなる場合があるので，建込調整用サポートで左右から押し引きする必要がある。

6. 腰壁

写真⑧⑨については，下がり壁がある場合は，腰壁上に鳥居状にサポートを組み立てる必要がある。

写真⑩については，腰壁の型枠が解体完了した状況を示している。

写真⑪⑫⑬については，腰壁を組み立てる場合は，必ず腰壁の鉄筋からセパレータで上から締め付ける必要がある。浮き上がり防止だけではなく，鳥居状にサポートすることで，腰壁の型枠を計画どおりに解体することができる。

写真⑪については，腰壁からサポートをしていると，型枠解体ができない。写真⑫のように，腰壁上部からサポートしない。

写真⑫に示すように，上部梁を受ける場合は腰壁からサポートしないで，跨いで2本のサポートで受けるようにする。

写真⑬については，擁壁などをコンクリート打設する場合はコールドジョイントを避けるため，コンクリート打設は片方から天端まで一気に休まず打ち上げる必要がある。その際は，通りが曲らないように，ピアノ線を最後まで張りメジャーで確認を行う。

7. 本実型枠

型枠工事での本実型枠における勘所と注意ポイントは，以下のことである。
①スギ板型枠には，バーナー焼きした乾燥材を使用した方がよい。

本実型枠は，スギ材が一般的であるが，未乾燥の材料を使うと打設までの期間があるため，板の継目が透いてきて，セメントペーストが入るようになるため，乾燥材を使うことが大事である（**写真①**）。

写真②に示すように，スギ板は型枠解体後，スギ板の板目が綺麗に出るように，工場でバーナー焼きした型枠材を使った方がよい。Pコンは目立たない方がよいため，小さな（φ17 mm）Pコンを使うか，色合わせして埋めてもよい。

木製化粧（本実）型枠の場合

工法には，本実加工によるものと合決り板がある。いずれにしても，板割りに合わせたPコン割付図を作成する必要がある。

本実型枠

本実型枠

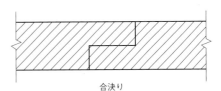

合決り

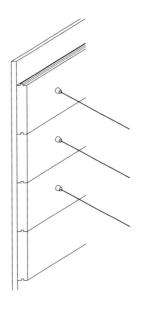

施工上の注意点

①材質は，スギ・ヒノキ材がほとんどであるが，割付の線，木目・節を出し，強調するのが目的である。これは材料検査をよくし，板厚の不揃い・死節などの欠陥のないものとしなければならない。

②乾燥材を使わなければならない。

型枠を建て込んでから打設までは15～20日程度かかるため，その間に乾燥して目が透いてきてしまうので，なるべく自然乾燥した材料にした方がよい。

写真③④については，スギ板のバーナー焼きした本実型枠である。型枠が組み終ったら，板目が透いてくるため，コンクリート打設まであまり工程を取らない方がよい。

写真⑤⑥については，コンクリート面はスギ材の本実型枠で見せ，木材を仕上材として強調している建物で，施工的には本実コンクリート面の建入精度に十分注意して，施工する必要がある。

写真⑦⑧については，バーナー焼きした本実型枠でコンクリート打設した表面である。

写真⑨⑩については，通路の壁面を本実コンクリートで施工した建物である。

写真⑪については，丸柱など型枠解体後にピンホールが見受けられるが，極力埋めない方がよい。また，板目跡もそのままの方がよい。丸柱の化粧打放しコンクリートの場合は，Pコンを見せず，外からバンド締めし，ピンホールは埋めない方がよい。

写真⑫については，本実型枠の場合に，コンクリート打設で注意することは，コールドジョイントを出さないように打設する。化粧打放しコンクリートの場合は，多少のコールドジョイントは手直しで直せる。本実の場合は本実の色が変わるため，元通りにならない場合があるので，コンクリート打設方法は関係者と十分協議して打設する必要がある。

写真⑬⑭については，コンクリート打設後，型枠は早く解体しないで，余裕をもってコンクリート強度を確認して解体した方がよい。木材の灰汁を出すためでもある。

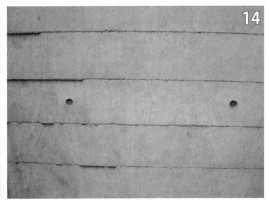

7. 本実型枠

写真⑮については，Pコン跡を同色で消して，スギの節に見せる。

写真⑯については，Pコン跡をスギ節に見立てる。

写真⑰については，エントランス壁全体でPコン跡なし。

写真⑱⑲については，本実と木製コーナーガードの納まり。

写真⑳については，コーナーガードと本実化粧目地のコントラスト。

写真㉑については，本実型枠は厚さ12 mmの合板下地に，厚さ12 mm，幅100 mmのスギ材を張って組み立てる。

写真㉒については，合板下地に厚さ12 mmのスギ板を張った状態を示している。

写真㉓㉕については，合板下地に本実スギ板を張った状態と作業風景を示している。

写真㉔については，門扉コンクリートを本実コンクリートで打設した状態を示している。ミニコンを使用したため，Pコン跡が目立たない。本実型枠を解体した状態を示している。

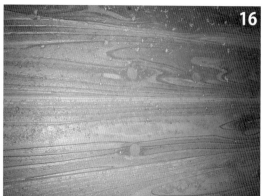

第 1 章 型枠工事

7. 本実型枠

写真㉖については，本実型枠に剥離剤を先塗りしている作業風景を示している。

写真㉗については，門扉本実型枠が完了した状態を示している。

写真㉘㉙㉜㉝については，本実型枠にもやり方は色々あるが，一枚のスギ板で組み立てる場合と，段差を付ける場合（型枠を解体したら壁面が凹凸に段差となることがある）とに，大きく分けられる。

さらに，段差の付け方にも，大きく段差を付ける場合と，小さく段差を付ける場合に分けられる。

写真㉘については，本実打放し仕様ではミニPコンを使用している。Pコン跡を埋め，色合わせをして，Pコンの痕跡がなかったように見せるためには，ミニPコンを使用した方が色合わせもしやすい。

写真㉘㉙㉚㉛㉜㉝については，型枠の組立が完了してから日数をおくと，本実の継目が透いてきて，コンクリートを打設するとペーストが入り込み，きれいな仕上がりにはならない。そのため，組立後からコンクリートを打設するまで，散水をこまめにして，板の隙間がないようにすることも大切である。

第 1 章 型枠工事

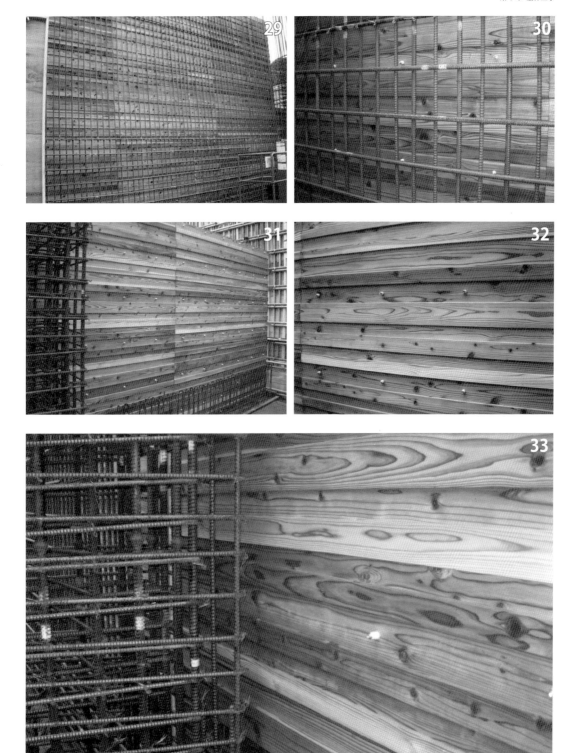

049

8. 円形型枠

型枠工事での円形型枠における勘所と注意ポイントは、以下のことである。

①型枠専門工場で作成した材料を、型枠大工が現場で組み立てる工法。

円形型枠にもさまざまな型があるが、特殊型枠で工場加工した型枠を使用するのが普通である。合板型枠割付、Pコン割付はもちろんのこと、円形型枠は蒸気と熱で曲げるため、現場では製作できないため、工場製作に日程がかかるのと、現場での組立にも時間がかかるため、工程に余裕をもたせるために割付施工図の承認を早めにとる必要がある。

内外締付け横端太はR面の大きさに合わせて、端太を工場にて円形に加工するのが一番よい。加工工程とコストがかかるため、一般的には行われていないのが実情である。

小さめのRの場合は鉄筋でR加工してもよいが、大きな円形の場合はコンクリートの側圧に強い鋼管パイプか肉厚塩ビ製パイプを使ったほうがよい。

写真①については，階段の壁鉄筋が多い場合，段々にも型枠で蓋をするため，スランプが硬いとコンクリートが密実に入らない場合があるため，スランプには注意する必要がある。

写真②については，円形型枠を使って打設した円形柱の列柱で構成される内部空間である。

写真③については，密実に打設しなければならないため，天端まで一気に休まず打設することがよいコンクリートを打設するポイントである。

写真④については，横端太を付けられない場合は，サポートの押し引きを多めにつける必要がある。

写真⑤については，円形型枠で注意することは，内部型枠は安定するが，外枠が浮き枠になるため，セパレータのピッチを小さくし，動かないようにすることが大切なことである。

写真⑥については，タイパッキンは必ず付ける。

写真⑦⑧については，屋根スラブの円形型枠は工場での製作期間がかかるため，施工図承認を急ぎ，工場での製作期間を十分に取る必要がある。

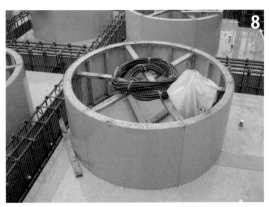

8. 円形型枠

写真⑨については、円形型枠で立ち上がり部を同時打設する場合は、型枠が変形する場合があるので、変形しないように組み立てる。

写真⑩については、手摺コンクリートは打継ぎをきれいに見せなければならないため、折り返しの合板端部で打継ぎ、コンクリート打設は手摺天端まで一気に打設した方がよい。

写真⑪については、階段内部の踊り場の壁は工場製作となるため、施工図承認を早めに行う。

写真⑫については、階段踊り場が円形の場合は原

寸を出し，アングルにセパレータを溶接して，組み立てるとよい。

写真⑬については，円形柱の型枠は内部にセパレータを取らず，スチールバンドで締めた方がPコンが見えなくて大変よい。丸柱の化粧打放しコンクリートの場合は，Pコンが見えない方がよいため，スチールバンドで締めた方がよい。

写真⑭については，丸柱の打継ぎ部に円形定規を取り付けた状態を示している。

写真⑮については，丸柱の打継ぎは円形定規を取り付けると，上階型枠の建て込みがやりやすくなる。囲み枠は円形定規を示している。

写真⑯については，円形柱にPC鋼線の固定端金具が付くため，金具周りのかぶりが取れないときがあるので，コンクリート打設前に確認する必要がある。

写真⑰については，コンクリート磨き仕上げで，後施工ベンチの場合はコンクリート打設後，硬化前に化粧石材を埋め込み，後日表面を研ぎ出しワックス仕上げとする。ベンチは差筋して，コンクリート打設は後施工とする。

8. 円形型枠

写真⑱については，屋根型枠で仕上材がアルミフレームの場合には，打込み金物があるため，取付位置を間違わないようにする。

写真⑲については，屋根など勾配のある型枠工事で加工するときは型枠を長めに加工して，現場合わせで切断し，組み立てた方が間違いがなくてよい。

写真⑳については，円形柱が化粧打放しコンクリートの場合には，Pコンを見せない方がよいため，セパレータを中に取らないで，外からバンドで締めた方がよい。

写真㉑㉒については，丸柱型枠について，躯体の外側に仕上げをする場合には，セパレータで締め付けてもよい。化粧打放しの場合には，セパレータを使用しないで，スチールバンドで締め付けた方がPコンが見えなくてよい。

写真㉓㉔については，建込みがしやすいように，敷き桟（敷き型枠）を取り付けて建て込むとよい。安全上もよいことである。

写真㉕については，フォームタイを使わずに帯締めとする。

第1章 型枠工事

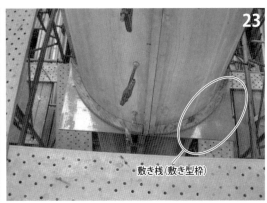

敷き桟(敷き型枠)

敷き桟

9. 後施工型枠・建具アンコ材

型枠工事での後施工型枠・建具アンコ材における勘所と注意ポイントは，以下のことである。

①窓開口部の庇，コンクリートベンチなど，後施工の方が精度よくできる。

小庇など同時施工が困難と考えられる箇所は，後施工した方がよい場合もある。このとき注意することは，差筋の位置を間違えないようにすることである。差筋要領としては，本体躯体を 12 mm 欠き込み，コンクリートが食い込むようにした方がよい。

写真①については，工事中はコンクリート面の汚れ・雨垂れ・浸みなどは避けられないため，クリアー仕上げ前に薬品で洗浄しなければならない。

写真②については，ベンチとか小庇は後施工とした方が，精度のよい躯体が出来上がる。注意すべきことは，差筋位置を間違わないようにする。

写真③④⑤⑥については，小庇型枠に建具用アンコ材を付ける場合，転用しやすいようにビニールライニングを施した材料を使うと，剥離しやすく解体が容易になる。

写真④⑤については，水切り目地棒の施工は角部を留にして，隙間がないようにする。

写真⑧⑨については，後施工型枠は水平精度が大事であり，コンクリート打設時にもレベルで確認する必要がある。

写真⑨については，外壁に小庇がある場合は，本体工事の型枠締めができない場合があるので，本体と同時に施工しないで，差筋して後施工とした方がよい。

第 1 章 型枠工事

9. 後施工型枠・建具アンコ材

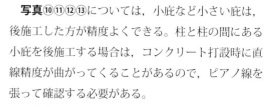

写真⑩⑪⑫⑬については，小庇など小さい庇は，後施工した方が精度よくできる。柱と柱の間にある小庇を後施工する場合は，コンクリート打設時に直線精度が曲がってくることがあるので，ピアノ線を張って確認する必要がある。

写真⑫については，柱間に小庇がある場合，本体工事と同時施工すると，精度的にも品質的にもよくないため，後施工とした方がよい。小庇は本体工事で差筋し，在来工法で後施工とした方がよい。

写真⑭については，照明ブラケットも後施工とす

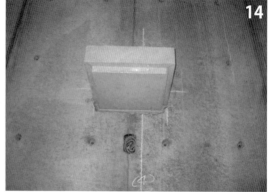

るため，差筋位置に注意する。

　写真⑮⑯については，丸柱の化粧打放しコンクリートは垂直精度だけでなく，上下の柱の鉄筋のかぶりも確認してコンクリートを打設する必要がある。間柱は工場製作として現場取付を行った方が，精度のよい仕上がりとなる。

　写真⑰⑱⑲については，学校などのシンボルマークなど複雑な形状の場合は，発泡スチロール製のアンコ材で解体も容易な材料を利用するとよい。

　写真⑳㉑については，サイン工事の躯体欠き込み工事がある場合は，打込みにおける失敗はできないため，事前打合せを十分に行い，施工方法を検討し，関係者の了解を得る必要がある。

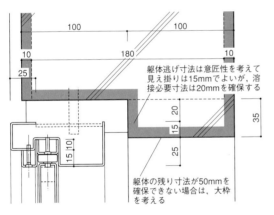

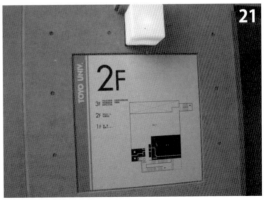

10. X・Y軸のPコン

　型枠工事でのX・Y軸のPコンにおける勘所と注意ポイントは、以下のことである。

①化粧打放し柱，壁の組立はX・Y方向のセパレータを水平に取る。

　柱・壁のPコン割りはX・Y軸とも、同一レベルにしなければならない。内部でセパレータが交差するため、Pコン位置は角部から120 mm以上離した方がよい。

　柱で柱主筋の外側にPコンを取っている現場を見かけるが、X・Y軸のPコン位置が近いため、水平精度が取れなくなる。

　写真①については、X・Y軸の型枠組立要領に準拠する。

　写真②については、X・Y軸のPコン位置は同じレベルとする。

　写真③④については、X・Y軸のPコンがレベルになる型枠の組み方とする。

　写真⑤については、化粧打放しコンクリートの場合，壁型枠の天端は上階との打継ぎ面に横に桟木を通さなければ，水平線が出ないので，桟木を通すようにする。桟木を付けないで，縦パイプ，桟木を上に写真のように出した状態でコンクリートを打設すると，小波が出て，全体が真っ直ぐ通らなくなることがある。

　壁の縦パイプと桟木は，打設天端より出さないようにすることが肝要である。

　写真⑥については，階段踊り場の下端が化粧打放しコンクリートの場合には，合板とPコンの割付をしなければならない。踊り場の壁のPコンも，X・Y軸は同レベルとする。

　写真⑦⑧⑨については，壁も柱もPコン位置はX・Y軸とも同レベルでなくてはならない。

　躯体の中でセパレータ同士が重なり合うので，Pコン位置は角部から120 mm以上離した方が作業がしやすい。下図は，X・Y軸が水平レベルの型枠の組み方を示している。

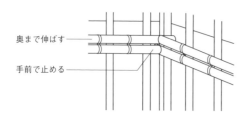

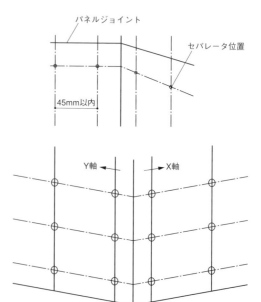

第 1 章 枠型工事

11. 打継ぎ

　建物全体で各階1回で打設できる現場は，大変少ない。何工区かに分けて，打設計画を立てなくてはならない。工区割り計画を早めにし，打継ぎ部の施工要領も作成する必要がある。

　型枠工事では，打継ぎ位置の計画は前もって入念に行うことが大事である。梁・壁の場合は，シールをする縦目地（片面テーパー付き・片面直角）位置で打継ぐことが大切である。また，止水効果を考え構造的な躯体と一体化する目的でコッターを入れ，凹凸シートを使うと効果的である。止枠はラスを使わないで，合板で止めた方がよい。ラスは打設時にバイブレーターを掛けると，コンクリートのセメントペーストがラスの目から多くこぼれる。また，ラスは打設して時間を置くとさび膜ができ，打継ぎ面としてはよくない。壁の横鉄筋は止枠の手前で止め，止枠には壁鉄筋ピッチで差筋穴をあけ，差筋する。

　SRC梁の場合は，ウェブPL面はスチフナーPLを工場で付けるように計画する。鉄筋位置，本数にもよるが，下端フランジの下端にもPLを溶接する。スラブの場合は，桟木とエアーフェンスを横使いするか，スポンジコンを200@で使う方法もある。

　型枠工事での打継ぎにおける勘所と注意ポイントは，以下のことである。
①躯体工事において，工区分けをして進める工区位置が重要である。

　写真①については，地下外周壁など水圧のかかる壁の打継ぎは，凹凸をつけて打設することにより躯体同士の付着と止水効果がある。

提供：協立エンジ㈱ KKシート

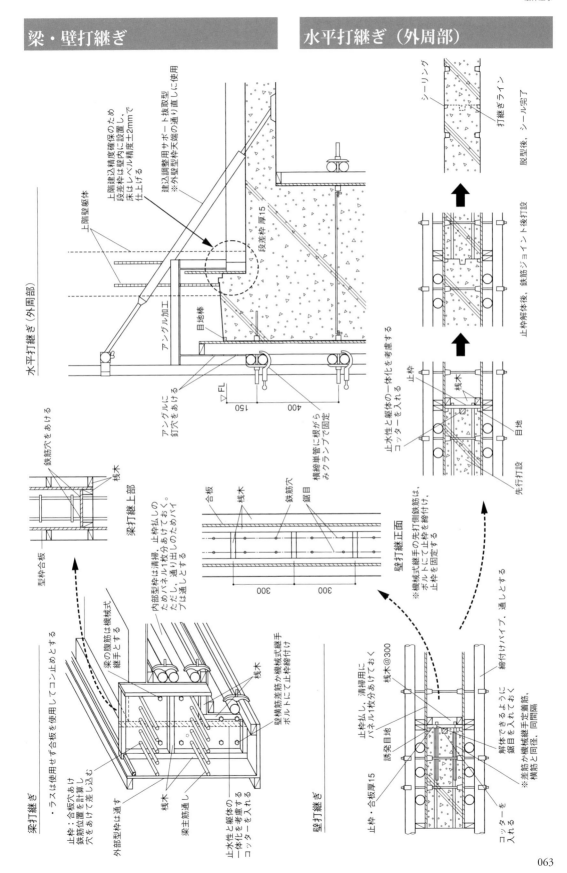

11. 打継ぎ

打継ぎ要領　梁・壁1

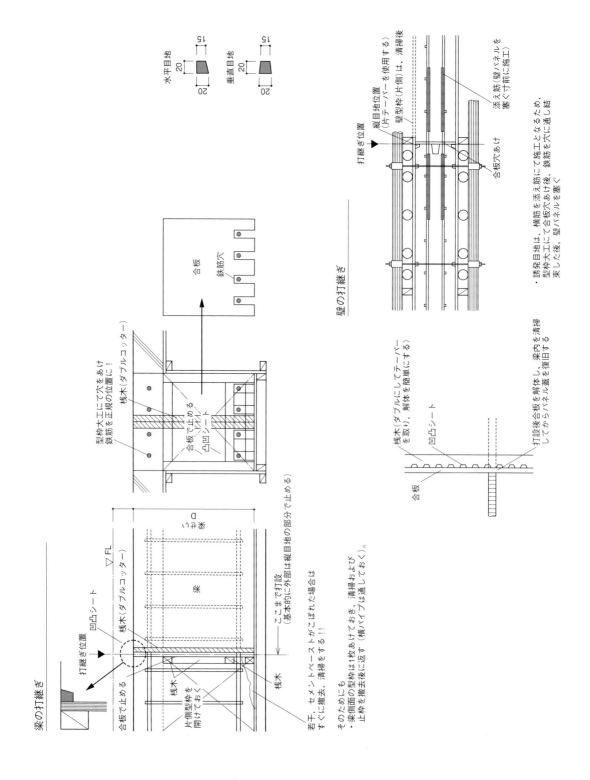

打継ぎ要領　梁・壁2

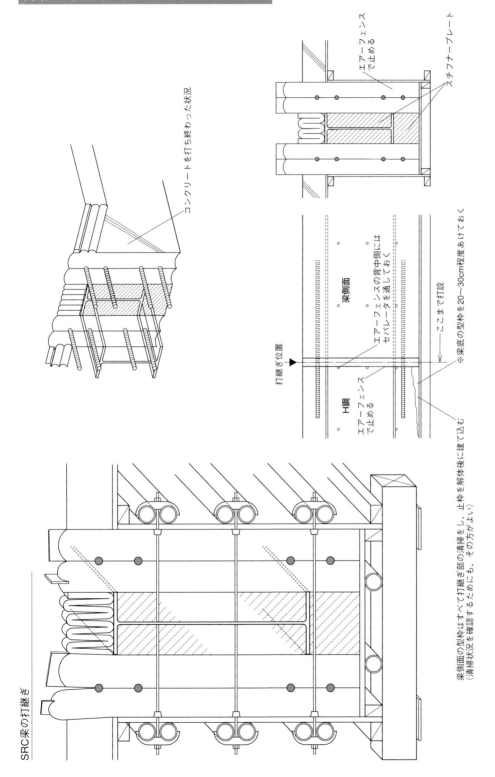

SRC梁の打継ぎ

地下外壁打継ぎ部

一般的にはラス止め施工されているが,ラスは錆びるため打継ぎ部分に錆膜をつくるのがよくないし,バイブレーターを密実に掛けられないので,この工法を採用する。

また,コッターを入れシートを貼り凹凸をつくることで,止水はもちろん,構造的にも躯体同士がかみ合うため大変よいことである。

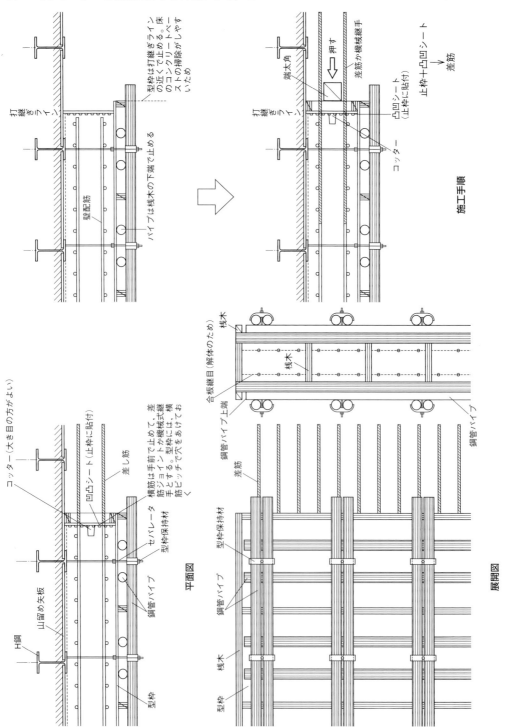

基礎梁の打継ぎ

一般的には図のように，エアーフェンスで止めるのが普通のやり方である。梁の下端筋が多い場合には，エアーフェンスが鉄筋下端まで行かない場合があり，コンクリートペーストが鉄筋下端から流れ出るため，コンクリートが硬化する前に高圧ハイウォッシャーで洗い流すのがよい。

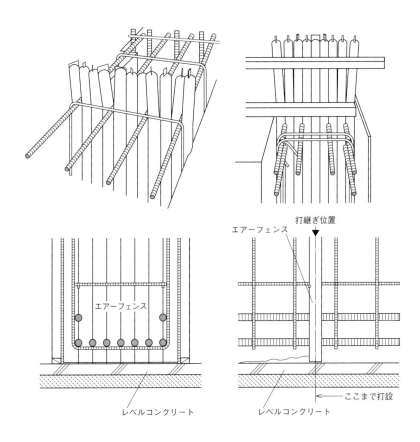

スラブの打継ぎ

スラブの打継ぎは，鉄骨鉄筋コンクリート造または梁が鉄骨造の場合は，図のように梁の中央で桟木とエアーフェンス併用で止めた方が，凹凸ができて，食込みができるため，よいことである。

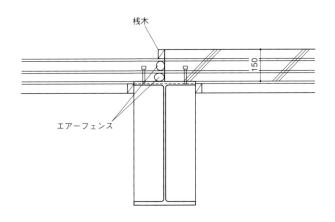

11. 打継ぎ

写真②については，梁主筋の下端にエアーフェンスが入らないため，コンクリートペーストが漏れるのでハイウォッシャーで清掃することが大事である。

写真③については，梁主筋の下端からのコンクリートペーストの漏れは，硬化する前にハイウォッシャーで洗浄する。

写真④については，コンクリート工事は建物が大きくなると工区分けが多く，打継ぎ方法は色々とある。化粧打放しコンクリートと関係ない場合は，写真に示したようにエアーフェンスを計画的に活用した方がよい。

写真⑤については，梁でエアーフェンスを使える箇所はすべて使った方がよい。

写真⑥⑦については，梁はエアーフェンスにしている。

写真⑧については，パラペット立ち上がりが化粧打放しコンクリートの場合は建物全体の打継ぎ工区割り計画を作成し，打継ぎ部からの漏れがあるため，目地棒部で打継ぎシールする必要がある。その場合，目地棒の片テーパー直角部で打継ぐようにする。

梁はエアーフェンス

写真⑨⑩については，化粧打放しコンクリートの工区割りに基づき，壁およびパラペットの打継ぎは目地割りの目地部で打継ぐ。型枠には，解体しやすいように合板に鋸目を入れるとよい。

写真⑪⑫については，梁とスラブを同時に打設する場合は，スラブ天端からコンクリートが吹き出すため，写真に示すように900mm程度の幅を合板で蓋をして打設した方がよい。また，打継ぎの小口は串止めとして，コンクリートが流れ出さないようにすることが大切である。

梁は，コンクリート打設中に垂直精度が曲がってくるため，建込調整用サポートで押し引きしながら調整する必要がある。

梁天端までコンクリートを一気に打設するときは，スラブ天端と小口は合板と串で止めるようにする。

写真⑬⑭⑮については，スラブの打継ぎにはいろいろな止め方があるが，写真に示すようにエアーフェンスを横使いして止める方法も一つの方法である。簡単で短いところの止め方としては，スポンジ

コン止めでやってもよい。スラブ止めが直線でない場合は，スポンジコンで止めるとよい。

写真⑮については，スラブ打継ぎはスポンジコンまたはエアーフェンスと桟木で止めるとよい。

写真⑯については，躯体時の打継ぎは梁・壁・スラブとすべてにあるが，打継ぎ面は凸凹をつけて止めるようにした方がよい。

打継ぎ面は構造的にも止水的にも大事なところなので，特に地下外周壁などは**写真⑰⑱⑲⑳㉑㉒**のように凹凸のある止め方をした方がよい。

11. 打継ぎ

提供：協力エンジ㈱ KK シート

打継ぎ止め型枠要領図

写真㉓のように，打継ぎ部はすべて段差を付け，コッターを入れるべきである。

写真㉔㉕のように，内部間仕切壁などで化粧打放しコンクリートでないところはエアーフェンスで止めてもよい。

12. 出隅・入隅の直角精度

　出隅・入隅部の直角精度はコンクリート打設前に検査で差金を当ててみると，案外直角精度が悪い場合が多い。直角精度をよくするためには，合板の直角板を当てておくのもよい方法である。

　打設階が多くなる建物の場合は，**写真❶**のような角締め金物を工場加工して使った方が，全体の精度はよくなる。

壁小口のセパレータの取り方

　型枠工事での出隅・入隅の直角精度における勘所と注意ポイントは，以下のことである。

①柱・梁・壁の直角精度は，型枠工事では大変大切である。

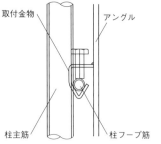

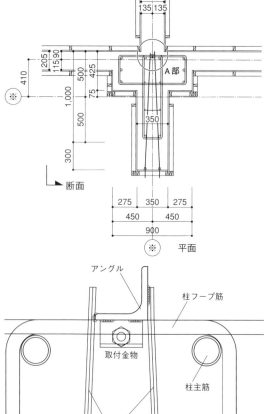

A部詳細図

75頁右図は，化粧打放しコンクリート柱でピン角を出す場合，添え桟木を1本入れるとピン角が出やすい。

写真②③については，化粧打放しコンクリートの型枠工事で十分注意することは，柱型枠の直角精度である。最終締付け前に，差金で確認する。

写真④⑤については，型枠工事の柱・壁面において，直角精度を型枠で出すことは大変難しいため，コンクリート打設前に確認することが大切である。

現場では差金を用いて，コンクリート打設前にすべて確認することが大切である。

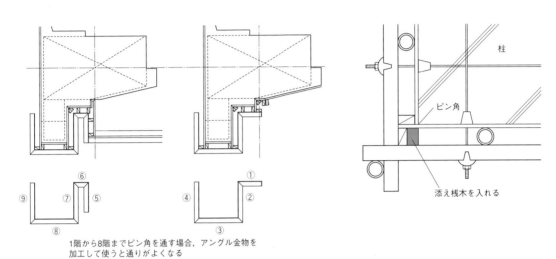

1階から8階までピン角を通す場合，アングル金物を加工して使うと通りがよくなる

12. 出隅・入隅の直角精度

写真⑥については，直角精度をよくするためには合板の直角板を当てておくとよい。

写真⑦については，コンクリート打設中もコンクリートの側圧によって，直角精度が変わる場合があるので，差金で確認することが大切である。

階段室で円形踊り場の壁の場合は，円形が小さいため，横端太は鉄筋でよい。

写真⑧については，R階段コンクリート打設前，型枠完了状態を示している。

写真⑨については，チェーンでの角締めの状況を示している。

写真⑩⑪⑫については，建物の階数が高いほど，柱・壁の角度を下から最上部まで通すことは大変難しい。コンクリート打設中にはらんだりするため，角部を金物で締めることも一つの方法である。

写真⑬⑭は，柱・壁のコーナー（角部）の角度に合わせて金物を製作し，角締めをするとよい。

写真⑮⑯⑰⑱⑲については，テーパー付きの梁下がり壁などで，垂直精度をきれいに出すには，写真のように金物を使用し，通りをよくすることも一つ

の方法である。

　写真⑮は、柱角の締め方を示している。

　写真⑯については、下がり壁・梁に勾配がある場合は、工場で金物を製作して、600 mm の等間隔で締めるとよい。

　写真⑱⑳については、化粧打放しコンクリートで外壁などで入り組んだ複雑な柱、下がり壁、梁で、通りがよく見えなくてわからない箇所は金物を加工して締め付けるとよくなるため、製作期間とコストも掛かるので、使用箇所の判断を早くする必要がある。

12. 出隅・入隅の直角精度

写真⑳㉑については、出隅、入隅の型枠締付けは、X・Y方向のセパレータの割付を、水平に揃えることが大切である。

写真㉒については、コーナーなど壁・庇が化粧的に出入りがある場合は、型枠の直角精度に注意する必要がある。直角精度を出すためには、三角板や直角板を使うことも一つの施工法である。

写真㉓については、型枠で直角精度を出すのは難しいため、合板で直角部をつくり、上から付けるとよい。

第 1 章 型枠工事

写真㉔については，一般的な角締め方法を示している。

写真㉕は，角部が鋭角の場合の角締め方法を示している。

腰壁部詳細

【腰壁上部(〜FL＋850〜)】

- 角締めチェーン
- Pコン割によりセパが通せないためアンコ材部でセパを取る
- 入隅部は留とする(合板)
- この面はPコン割により，セパが1本しか取れないため，躯体の外でセパを取り横パイプを固定する
- ……壁内にコンクリートを流し込んだ際の流動圧，これによる外部の型枠のふくれを防止するため，部の縦パイプは細かく入れる(＠150程度)

【腰壁部(〜FL＋850)】

- 角締めチェーン
- このセパは対面する壁まで通しとする
- セパが1本しか取れない躯体の外でセパを固定するため，横パイプを固定する
- 出隅部のピン角を出すため，小面のせき板が当たった部分に桟木を補助で入れる(見部)
- Pコン割により，セパが1本しか取れない箇所は，セパも取れない
- 直交する壁のフォームタイからチェーンにて引張り，横パイプを固定する。反対側のフォームタイに完結させ，チェーンで引き，完結させる(このチェーンは角締めも兼用とする)
- 角締めチェーン

079

13. 土間スラブ・止枠

　止枠は通りが大切であるため，ピアノ線を張り，打設完了まで，ピアノ線は取らない方がよい。打継ぎ目地棒は，木製にビニールライニングした材料を使用した方がよい。

　プラスチック製，塩ビ製は，強度が弱いため，欠けたり，折れやすいので，木製にビニールライニングした材料を使った方がよい。土間スラブより立ち上がりがある場合は，**写真①**のようにアングル金物で外枠から止めるようにする。

　型枠工事での土間スラブ・止枠における勘所と注意ポイントは，以下のことである。
①止枠が側圧で変形しないように注意する。

　写真①，②については，内部型枠の精度をよくするため，金物で止めるようにする。

　写真③については，土間や各階の止枠で大切なことは，コンクリート打設中に通りの精度が曲がらないようにしなければならない。また，コンクリート打設完了後にも，通りの精度を確認する必要がある。

　出入り口建具のアンコ材の取付け方，通り直しは，ピアノ線を張り，チェーンとサポートで押し引きして直す。

　写真④については，階の止枠に噴き出しが生じる場合は，下階からセパレータで締めておくことも大切である。

　写真⑤については，コンクリート打設時は内部型枠にホースが当たらないように注意し，打設ホースは柱内部に入れて打設する。

写真⑥については，土間スラブ止枠は大変重要な作業である。通りとレベル精度の確認と，コンクリート打設時の側圧に，通りが変形しないような型枠が必要である。

写真⑦については，土間スラブ止枠から化粧打放しコンクリートになる場合があるので，押し引きを大事にして通りと垂直精度を確認しながら組み立てる必要がある。写真に示すように，打継ぎ目地棒は木材を使用しているが，ビニールライニングを施した目地棒を使った方がよい。

木材の打継ぎ目地棒

写真⑧⑨⑩⑪については，土間スラブの止枠から化粧打放しコンクリートの場合はピアノ線をターンバックルで張り，通り直しをすることが大事なことである。

コンクリート打設完了までピアノ線を取らない方がよいのは，コンクリート打設完了後に，通りの最終確認をするためである。

14. 打放し型枠

1. 樹脂塗装合板見本を提出
   合板を選定する場合の注意点
   ①規格材であるか。
   ②厚みや形状に違いがないか。
   ③塗装にむらがないか。コーティング合板でも塗装の剥がれやすい合板もある。
   ④表面が平滑であるか，損傷はないか。
   ⑤積層部に空隙がないか。
   ⑥全体に反りはないか。
   ⑦木口はよく処理されているか。
2. 打放し用型枠は，ウレタン樹脂かアクリル樹脂を塗布した塗装合板を使用する。
3. 厚さは予算的に可能ならば厚15mmが好ましい。
4. 転用は3回までとする。Pコン穴が違う場合などは1回。解体後，合板の傷み具合を確認する。
5. 面木・目地棒の選定（形状，大きさはいろいろあるので，設計者と協議して決める。）。プラスチック製は，安価だが折れやすい。ラワン素材は，色移りや木繊維が残存しやすいので，ラワン材にビニールライニングした素材を使用する。
6. セパレータは3分セパ，ストロングセパ（強力セパ）を使うとよい。打放しコンクリートは片押しで一気にスラブ面まで打ち上げるのが基本なので，型枠にかかる側圧が大きい。
   一般的には，2分5厘セパを使用しているが，3分セパまたはストロングセパ（2分5厘）を使用した方が安全である。普通のセパを使用して，壁の下部のセパのピッチを細かくする例が多いが，意匠上好ましくない。
7. 合板間の目違いをできるだけ少なくするため，合板間に補助桟を入れる。
8. セメントペーストが流れ出ない型枠をつくる。角をよりよく締めるためには，サニークランプを使用するとよい。
9. パネルの建て込み作業中の目違いをなくすために，材木の寸法誤差に注意する。
10. ノロ止めテープはコーナーだけとし，すべてのパネル間には使用しない方がよい。全体で伸び寸法となるためである。
11. 入隅など型枠小口処理は，剥離材またはウレタン系塗装を塗る。
12. 型枠の転用時は小口のケレンをよくし，表面のコーティング面は傷が付かないようにウレタン系塗料を塗る。
13. Pコン割付の基本
    合板（3'×6'）を使用する場合のPコンの基本割付は縦横とも600mm@か450mm@，または縦450×横600mmの組合せがある。
14. 壁面掲示板や巾木などの欠込みをする場合は，アンコ材の四周にビニール巻きの木製目地を設けるとよい。
15. 手摺などの天端はパネル方式とし，桟木は必ず通す。全体の通りをよくするためである。
16. 柱間の腰壁天端はチェーンなどで止める事例が多いが，そうしないで前もって差筋し，溶接Pコン止めとする。
17. 壁付きの柱は，コンクリートの側圧により外に向かって力がかかるため，柱が曲がろうとするので内部からチェーンなどで引っ張るようにする。
18. 階段の踊り場付き壁は，外部に出ようとする力が掛かり，壁が曲がろうとする。根がらみクランプにて緊結し，内部からチェーンで引っ張る。
19. 階段手摺壁のコンクリート打継ぎは，合板打継ぎで縦に打ち継ぐ。
20. 階高の中間にある庇は，下端の合板割りとPコン割りをし，型枠で天端に蓋をする（コンクリートを一気に打設するため）。
21. 外周スラブの立ち上がり部は外壁からアングル金物で止める。通常，行われる浮き型枠では精度は出し難い。

事務所

　本実の化粧打放しコンクリート型枠は現場で組み立てて，コンクリートを打設するまで日数が掛かる。その間，型枠は乾燥して，本実間に隙間ができ，コンクリートを打設するとコンクリートペーストが入り込み，型枠解体後，補修に手間が掛かり，仕上がり状態がよくない場合があるので，躯体計画を早く行い，本実型枠材を早く発注し，乾燥させることが大変重要である。

　写真①については，階段室の内部壁が化粧打放し壁でR面である場合は，工場加工した型枠を丁寧に組立解体して，Pコン割付が下階と同じである場合は転用してもよい。

　写真②③④については，化粧型枠でPコンのX・Y通りの水平精度を維持することも大切だが，柱・壁のコーナーをピン角としてきれいに出すことも大変重要である。

　また，本実の板目からセメントペーストが若干出ても，はつり取ったり，手を加えない方がよい。

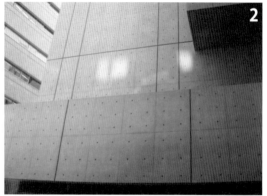

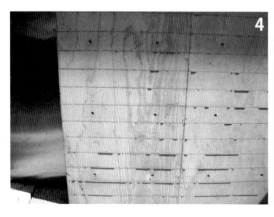

写真⑤については，P コンの X・Y 通りは，水平精度を出すためには柱角から 120 mm 以上離す必要がある。

写真⑥⑦については，化粧目地は P コン割付に合わせた全体計画をする必要があるが，P コンと P コンの中心に納まるのが最もきれいである。

また，目地や P コンモルタルの仕上がりは，5 mm 落ちが見栄えがよい。

写真⑧については，P コンには φ17 mm のミニ P コンと φ30 mm の P コンがある。本実化粧型枠では，ミニ P コンを用いた方が，見た目がきれいである。柱・壁の垂直精度も，ピン角が出るように締め付けることは当然である。コンクリート打設時も，通りの確認を行いながら打設した方がよい。

写真⑨については，内部の化粧打放しコンクリートは，人の往来が多いところでは，コーナーに面木を入れる必要がある。

写真⑩については，庇など天井の化粧打放しの場合は，照明器具が付くことがあり，合板割付と均等になるよう照明器具の金具を埋め込む必要がある。

写真⑪については，手摺やパラペットなどスラブからの立ち上がりがある場合には，下がり壁と立ち上がり壁の外部に打継ぎ目地棒を入れずに打設した方がよい。

写真⑫⑬については，化粧打放しコンクリートの外壁では，下から最上部までのコーナーのピン角を通すことが一番大切である。各階のコンクリート打設時には，垂直精度を確認することが重要である。

写真⑭⑮については，外部庇が水平に通っていることが大切なことである。

化粧打放しコンクリートの場合は，コンクリート打設中に水平精度がコンクリート重量によって違ってくる場合があるので，コンクリート打設中も入念に確認し，レベル確認と直線状況の確認をすることが大切なことである。

写真⑮⑯については，化粧打放し外壁の場合は，垂直精度の曲がりが出ないように確認することが大事である。庇のように打込み金物が取り付く場合は，コンクリート打設中に変形する場合があるので，十分注意する必要がある。

写真⑰⑱については，外部化粧打放しで開口部が長い場合には，コンクリート打設中に梁型の重量によって下がる場合があるため，ピアノ線を張り，コンクリート打設中にも水平精度の確認をすることが大切である。

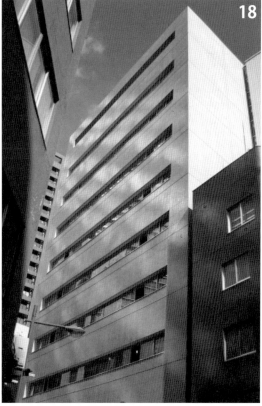

14. 打放し型枠

　写真⑲⑳については，柱・壁の化粧打放しコンクリート仕上げで，写真のように木製のコーナーガードが付く場合は，躯体の欠き込みを若干多く取り，隙間は目地を取らずにモルタル埋めとして，打放しクリヤー仕上げの方が，納まりはきれいに仕上がる。

　コーナーガードと躯体の欠き込み部に目地を垂直に取る仕上げは，施工的に大変でかつきれいな仕上げにはならない。

学校

　写真㉑㉒㉓については，梁の水平精度はもちろんだが，後施工の庇もコンクリート打設中に確認する必要がある。柱型は階数が高いほど，垂直精度の確認をする必要がある。

　写真㉔㉕㉖については，丸柱の円形が小さい場合は，コンクリートが密実に打設されない場合があるため，豆板になりやすいので，バイブレーターとたたきを入念に行う。また，庇の水平精度もコンクリート重量によって変形する場合があるので，コンクリート打設途中にレベルと通りの確認をする。

　写真㉗については，化粧打放しコンクリート面にピンホールが出た場合には，埋める必要はないが，小豆大以上のものは埋めた方がよい。打放し面の表面の色合いだけは，統一するようにした方がよい。

　写真㉘については，ロビーとかホールで人の往来が多い所では，柱の角をピン角とせずに，三角コーナーを取るか，木製コーナーガードを入れるようにした方がよい。

14. 打放し型枠

写真㉙については，PコンのX・Y通りの水平精度が，水平レベルに取れている柱型化粧打放しを示している。

写真㉚については，化粧打放しコンクリート外壁／目地棒を水平垂直にきれいに割り付けることは当然のことだが，水平ボーダーがある壁は後施工としないで，各階で同時打ちとした方が構造的にもよいことである。

写真㉛については，外壁に開口部が各階にある場合は，縦目地を開口外面に縦に設けた方がよい。縦樋なども，縦目地と合わせるように入れた方がよい。

写真㉜については，後施工の小庇は，水平精度が違ってくる場合があるので，型枠の横端太も全部に掛かるように通して，水平精度をコンクリート打設中に確認する必要がある。

写真㉝㉞㉟については，曲面の型枠工事は，曲面そのものを現場加工できないため，工場製作となるため，施工図承認の工程を確認しながら行う必要がある。

鉄筋工事は，曲面型枠とのかぶりが取れない場合があるので，鉄筋のかぶりには十分注意する必要がある。

また，型枠解体中に円形部を傷つける場合があるので，丁寧に解体する必要がある。入隅部は，型枠を留加工して組み立てなければならない。

写真㊱については，後施工のベンチは差筋を設け，後施工工事として打設する必要がある。

座面が磨き仕上げである場合は，表面石がきれいに出るよう磨かなければならない。

写真㊲については，柱・壁面の水平垂直精度に十分注意しながら型枠を組み，コンクリート打設する必要がある。

屋上笠木も，パラペットと同時打ちにする場合があるので，誘発目地棒の割付を十分に検討し，手直しのないように打設することが大切である。

写真㊳については，目地棒の水平垂直精度を注意するだけではなく，型枠が組み上がった状態で，外部面のピン角の状態を確認する必要がある。

写真㊴については，階段の躯体工事は，躯体工事の中で一番手間が掛かるところである。

踊り場の天端も，型枠で蓋をして打設した方がよい。また，段裏も化粧打放しの場合は，Pコン割付と合板の割付を検討し組み立てる必要がある。

写真㊵㊶㊷については，外部化粧打放しコンクリートの表面処理は撥水剤で同色に仕上げなければならない。小庇など，後施工の場合も同じ色合いに仕上げる必要がある。横ボーダーも施工的には同時打設することが大切あり，水平精度の確認を打設中に行う必要がある。

写真㊸㊹㊺については，庇天井スラブなどの型枠では設備担当者と十分打合せを行い，合板やＰコンの割付に基づき，照明器具などの配置を考える必要がある。

階段室などの壁に化粧開口がある場合は，合板やＰコンの割付とバランスが取れていなければならない。

写真㊻㊼㊽㊾については，化粧打放しコンクリート面とカーテンウォールが取り合う場合は，化粧打放し面の取合いと目地処理に注意して，雨水が入らないように施工しなければならない。

渡り廊下の下端の化粧打放しの場合は，仕上げ面は外壁と同じように仕上げる必要がある。カーテンウォールの内部に，化粧打放し面がある場合は，最終仕上げをガラス搬入前に施工する必要がある。

写真㊿については，円形柱に取り付く小庇は円形柱と同時施工せずに，後施工とした方がよい。

また，小庇の水平精度と目地棒の取合いに注意する必要がある。

2
特殊型枠

1. 免震基礎型枠

1. 免震基礎型枠

　免震基礎型枠は、繊細な型枠が多いため、工程に余裕をもって工事しなければならない。

　また、型枠大工も少ない人数で時間に余裕をもって工事することが大事である。

　特殊型枠での免震基礎型枠における勘所と注意ポイントは、以下のことである。

①免震装置の据付け工程を綿密に計画し、少人数で時間に余裕をもって躯体工事を進める。

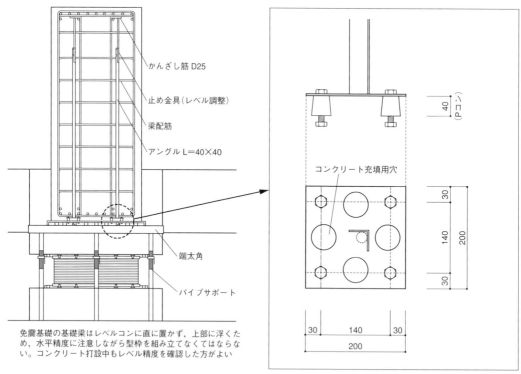

免震基礎の基礎梁はレベルコンに直に置かず、上部に浮くため、水平精度に注意しながら型枠を組み立てなくてはならない。コンクリート打設中もレベル精度を確認した方がよい

足元詳細図

免震装置基礎

　型枠工事中は，アイソレーターを傷付けないように型枠を組み立てなくてはならない。また，コンクリート打設中も十分注意し，確認する必要がある。

　写真①については，免震基礎梁上部主筋受けレベル調整金物取付け状況を示している。

　写真②については，免震基礎・アイソレーター（積層ゴム支承）を示している。

【免震基礎基礎梁配筋状態】

　写真③については，基礎梁上端鉄筋を受けるかんざし筋は，基礎梁鉄筋を水平にするために使用する金物のため，レベルで微調整しながら，水平精度を確認する必要がある。

【免震基礎基礎梁配筋工事中】

　写真④については，基礎梁の梁せいがある場合は，基礎梁の垂直精度の確認が大切である。

　コンクリート打設中に垂直が変形する場合があるため，注意した方がよい。

【免震基礎基礎梁配筋工事完了】

　写真⑤については，レベル調整金物で基礎梁主筋のレベル精度の確認をすることが大切である。

　写真⑥については，免震基礎アイソレーター上部型枠工事作業風景を示している。

　写真⑦については，免震基礎型枠工事施工作業風景を示している。

1. 免震基礎型枠

　写真⑧については，免震基礎スラブにピットがある場合は，コーナーの開き止めとして，写真に示すようなコーナーの開き止め金物があるので，使用した方がよい。

　写真⑨については，免震基礎基礎梁型枠工事作業風景を示している。それに，基礎梁のレベル調整金物取付け状況を示している。

　写真⑩⑪については，免震層にピットがある場合は，ピットと耐圧版の間隔が小さいため，型枠組立と解体を考慮して，組み立てることが大切である。

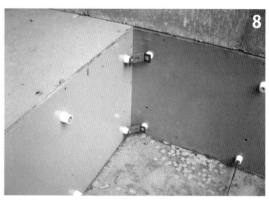

写真⑫⑬については，すべり支承据付け状況を示している。

写真⑭については，すべり支承部基礎型枠工事作業風景を示している。

写真⑭⑮⑯⑰については，すべり支承部下端の型枠組立は高さがないため，型枠解体のことを考慮して計画した方がよい。

写真⑱については，すべり支承部据付け作業風景を示している。

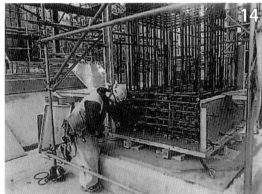

1. 免震基礎型枠

　写真⑲については，免震装置基礎に使用される積層ゴムアイソレーターを示している。

　写真⑳㉑㉒㉓㉔㉖については，積層ゴムアイソレーター基礎型枠工事作業風景を示している。免震基礎の躯体工事は，鉄筋型枠工事とも作業が詳細なため，工程に余裕をもって取り組まなければならない。

　コンクリート打設も密実に打設しなければならないため，施工計画を関係者と協議しながら，進める必要がある。

　写真㉕については，積層ゴムアイソレーター基礎配筋状況を示している。

　写真㉗㉘㉙については，積層ゴムアイソレーター基礎型枠工事作業風景を示している。

第 2 章 特殊型枠

101

1. 免震基礎型枠

写真㉚㉛㉜㉝㉞については，積層ゴムアイソレーター据付け作業の一連の工程作業風景を示している。

積層ゴムアイソレーター据付けが完了したら，上部の型枠工事にすぐ取りかかれるよう型枠工事の準備を進めることが大切である。

コンクリート打設中は，積層ゴムがコンクリートで汚れないよう，積層ゴムの養生を十分にする必要がある。

写真㉟㊱については，積層ゴムアイソーレーター基礎ベースプレート据付け工程の作業風景を示して

いる。

　写真㊲㊳㊵㊷については，免震上部基礎現場PC工事における上部PC取付作業風景を示している。

　免震上部基礎を現場PC化することにより，基礎梁鉄筋組立が施工工程上早くなる。

　写真㊴㊶については，免震上部基礎現場PC工事における上部PC取付作業風景を示している。

1. 免震基礎型枠

写真㊸㊹については，免震上部基礎現場 PC 工事におけるアイソレーター据付け作業風景を示している。

写真㊺は，アイソレーターフランジと上部ベースプレート PC を取り付けて，締付け作業風景を示している。

写真㊻は，アイソレーターフランジと上部ベースプレート PC 工事作業風景を示している。

写真㊽については，免震基礎上部を PC 化して施工することにより，その後の作業として，コンク

リート天端にスペーサーを置き，柱鉄筋を組み立てられるため，作業精度がよくなる。

　写真㊼㊽㊾㊿については，免震基礎上部のベースプレート部をPCコンクリートとすることにより，工程的にもメリットがあり，精度的にも大変よいことである。PCコンクリートを打設したら，強度が出るまで養生を十分してから，免震装置を据え付けることが大切である。

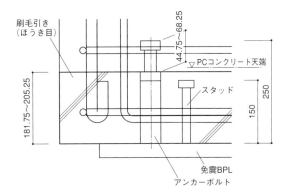

1. 免震基礎型枠

　写真㉛㉜㉝については，U字ダンパー基礎型枠工事施工作業風景を示している。

　写真㊴㊵㊶㊷㊸㊹については，U字ダンパー基礎型枠組立工事作業風景を示している。U字ダンパーの基礎型枠の組立は，ダンパーが先付けされているため，水平精度を確認しながら丁寧に組み立てる必要がある。

　また，U字ダンパー据付け後は型枠組立や解体時，コンクリート打設時に，ダンパーを傷つけないように養生する必要がある。

第 2 章 特殊型枠

2. 中間階逆打ち工事

　中間階逆打ち工事は，都市部の学校・オフィスビルなどで比較的短工期である場合，下階と途中階からの躯体工事を平行して着手する工法である。

　鉄骨造もしくは鉄骨鉄筋コンクリート造が前提となるが，上階の荷重を下階の鉄骨で受けることになるため，鉄骨工事の仮設補強がどうしても必要となり，鉄骨工事のコスト高は避けられない。

　特殊型枠での，中間階逆打ち工事における勘所と注意ポイントは，以下のことである。
①先行打設した躯体と後打設する下階との間を，隙間なくコンクリートで密着させることである。
②仮設鉄骨工事の計画において，上階と下階の重量バランスを考慮しながら，工程計画を立てることが大切である。

　写真①②③④⑤⑥については，途中階からの躯体工事は，下階を後から打設することが必ず出てくるため，その施工方法を計画しておかなければならない。

　先行打設した躯体と後打設する下階との間を密着させるためには，打設箇所に漏斗型枠を製作し，天端を打継ぎ面より高くし，コンクリート重量で打設面を密着させることである。

3. 片持ち出しPC階段

特殊型枠での片持ち出しPC階段における勘所と注意ポイントは，以下のことである。

①PC階段の打込みの場合は，現場での曲げ鉄筋精度が大変大事なため，曲げの位置を壁の中心より奥で曲げることに注意する。

②PC先端にも内枠と同じ型枠をつくり，精度に違いがないようにする。

③コンクリート打設は途中で中止しないで，一気に天端まで打設することが大切である。また，アンカー鉄筋が混み合っているため，バイブレーターをこまめに掛けることが大切である。

④コンクリート打設時は，レベルと通りを最後まで確認することが大事である。

写真①については，PCアンカー鉄筋は，壁配筋の片側が完了してから曲げる。

写真②については，コンクリート打設時は打設前と打設後にレベルを確認する。

写真③については，PC階段アンカー筋現場曲げの状態を示している。

写真④については，上下の型枠は階段金物で止める。

写真⑤⑥については，PC鉄筋アンカーは片側の鉄筋完了後に曲げる。

写真⑦⑧については，工場製作のPC階段を在来工法の型枠に打ち込む工法で，現場でのPC階段取付は本体型枠と同型の型枠を作成し，PC先端にPC受け型枠として組み立てた方がよい。また，コンクリート打設時はレベルと通りを確認する。

写真⑨については，PC階段完成写真である。

4. 釜場・排水溝

耐圧版に湧水があった場合，排水釜場を設け，ポンプで排水する排水ピットである。

屋上および各階の庇にルーフドレンがあり，そこまで雨水を導くのが排水溝である。

排水溝型枠は，レベルコンクリート打設時に400〜600 mmピッチに差筋し，セパレータを差筋に溶接して止めてよい。あと施工アンカーにし，セパレータを溶接止めとしてもよい。

各階の庇などスラブ上に排水溝がある場合は，スラブ型枠の下端からセパレータを取り，Pコンで締め付ける方法が一番安定した方法である。

特殊型枠での釜場・排水溝における勘所と注意ポイントは，以下のことである。

①釜場の型枠で注意しなければならないことは，コンクリートを打設したときに，変形したり，枠が浮き上がったりすることがないようにしなければならない。

②変形防止には，コーナー面に火打ち材を4隅入れる。

③浮き上がり防止には，レベルコンクリートからセパレータを取るようにするとよい。

写真①②③については，地下ピットの排水釜場の型枠も，コンクリート打設時の側圧で型枠が浮き上がり変形するため，レベルコンからアンカーを取ってセパレータを溶接して，フォームタイで締めるようにする。

写真③については，コンクリート打設時に動かないように，下端スラブからフォームタイで止める。

写真④については，屋上排水溝型枠は上端にパイプを通し，水平に組み立てる必要がある。排水溝の勾配は，型枠解体後にレベル調整し，モルタルにて仕上げるようにする。

写真⑤については，屋上の排水溝型枠はコンクリートの側圧などで動きやすいので，型枠の下端からＰコンで締める。その場合は，排水溝の下端鉄筋のかぶりに注意し，確認した方がよい。

写真⑥については，屋上排水溝の型枠は下のスラブからフォームタイで締める。

写真⑦については，屋上排水溝の型枠はコンクリート打設時にコンクリートの側圧で浮き上がるため，下階からＰコン付きのフォームタイで締める。

写真⑧⑨については，湧水ピット間の連通管は写真のように塩ビ管を半割にして取り付ける。耐圧スラブを打設する際は，排水管下端のコンクリート均しはレベルを確認しながら行う必要がある。排水溝がレベル（水平）でないと，連通管の回りに湧水が溜まり衛生的にも好ましくないので，水平にして水が溜まらないように施工する。

5. PC柱・充填石型枠・天井PC板取付工法

PC柱・充填石型枠

　PC柱における各階の中心部を上部・下部と分けて，工場製作してきたPC柱を現場でつなぎ，石で型枠を組み立てて打設する工法である。

　PC鋼線をシャーコネクターに巻き付け，コンクリートへの付着精度をよくし，石型枠は石の横目地にPコンを付けたセパレータを通し，木製端太角ではなく，通りのよい鋼製端太角で縦端太角として取り付けた方がよい。

　上下の躯体を工場にて化粧御影石枠で組み，工場でコンクリートを打設し，御影石型枠として現場で組み立てて打設する方法である。

　上部打継ぎ面に，隙間がないようにコンクリートを密着させることである。

　特殊型枠でのPC柱・石充填型枠における勘所と注意ポイントは，以下のことである。

①コンクリート打設は柱型枠の左右に漏斗を付け，打設天端より150〜200mm上で止めるようにする。その分のコンクリート重量で，打設面に密着させるためである。

②PC現場充填コンクリート用型枠断面については，コンクリート投入口である漏斗の天端は柱打継ぎ面より150mm以上で打設完了するようにする。コンクリートの重量圧を掛け，打継ぎ面に密着させるためである。

写真①については，完成写真である。

PC現場充填コンクリート用型枠平面図

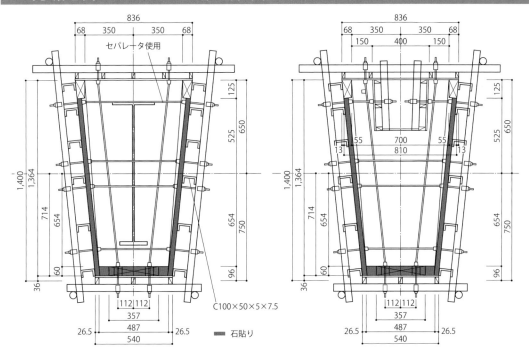

PC現場充填コンクリート用型枠断面図

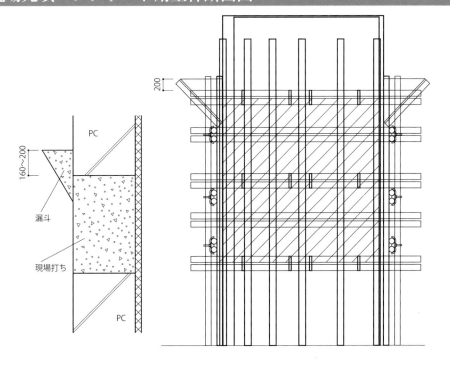

5. PC柱・充填石型枠

写真②については，型枠工事着手前の状況を示している。配筋検査は工事前にすべて行う。

写真③については，型枠組立完了風景を示している。

写真④については，鉄筋工事で機械式継手部の柱フープは機械式継手の板厚の分だけフープを大きくする必要があるので，施工計画で十分気をつける。

写真⑤については，御影石打込み型枠で，コンクリート打設が完了し，養生期間を置き，型枠を解体したところを示している。

写真⑥⑦については，石工事着手前の状況を示している。柱中間部の躯体工事で大切なことは，漏斗からのコンクリートが上部躯体に密着することである。そのことにより，工場製作した躯体と現場打設した躯体が一体となる。

工事担当者は上記のことに注意して，工程計画と施工計画を綿密に立てることが大切である。

写真⑧については，漏斗のコンクリートは型枠解体後にはつり取る。打継ぎ面も，密着している状況を示している。

⑥

⑧

漏斗のコンクリートは
はつり取る

⑦

5. PC柱・充填石型枠

写真⑨⑩⑪については，柱のコンクリート打設打継ぎ面にコンクリートを密着させるには，漏斗のコンクリート上端を高くしなければならないため，漏斗高さの型枠はコンクリート打設前に位置確認をする必要がある。

コンクリート打設は一気に休みなく，漏斗天端まで打設する。

その際に，コンクリート打設では，左右の漏斗天端を確認しながら打設する。

写真⑫⑬⑭⑮については，御影石型枠組立作業風

景を示している。

写真⑯については，石工事が完了した状況を示している。

写真⑰と120頁の図版については，御影石工事で注意しなければならないことは，御影石間の目地にバックアップ材と捨てシール作業があるので，隙間なく入念に作業することが大切である。コンクリート打設時に側圧により，コンクリートペーストが出る場合があるため，隙間なく充填することが大切である。

5. PC柱・充填石型枠

写真⑱⑲⑳については，型枠材の石工事で大切なことは，写真からもわかるように水平精度と垂直精度に違いが出ないように据え付けることである。

鉄筋からシャーコネクターを取る場合は，鉄筋が動かないようにしてシャーコネクターを付けるようにする。

写真⑲⑳については，PC鋼線をシャーコネクターに巻き付けながら石工事を進める。

写真㉑については，御影石工事着手は柱鉄筋工事がすべて完了し，配筋検査が完了していることが大

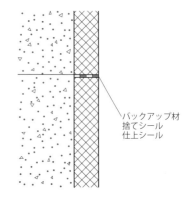

バックアップ材
捨てシール
仕上シール

事である。石工事着手後は，躯体の手直しができないためである。

写真㉒については，シール前のバックアップ材充填作業風景を示している。

写真㉓については，バックアップ材充填作業風景を示している。

写真㉔については，捨てシール充填作業風景を示している。

写真㉕㉖㉗㉘については，PC柱建方工事作業風景を示している。

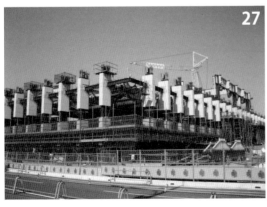

天井 PC 板取付工法

天井 PC 板工事は,全国でもまだ数少ない工法である。筆者は,偶然に東京と埼玉で経験することができた。

ここでは,工事中の参考写真を添付しながら解説する。

天井 PC 板工事は,地震など災害時に絶対事故があってはならないことを前提に,計画と施工が求められる。そのためには,下地鉄骨工事の計画については十分な計画を行うことが大切である。

PC 板一枚の大きさの決定から始まり,取付ファスナー位置の検討,シール目地の検討を十分にする必要がある。

施工方法においても,建方計画を十分に検討する必要がある。

東京の現場では,建築工事ではほとんど使用しない,土木の隧道工事で使用されている,日本に数台しかないという特殊クレーンを使って建方を行い,無事に完了した。

鉄骨工事,PC 工事完了後に変位測定をしたところ,鉄骨の変形はなく,計画どおり完了することができた。

このことは一重に,鉄骨のたわみ,および変形計算を構造設計担当者が綿密に計算してくれたことと,施工者も建方計画を十分に検討し,計画どおりに施工したことがよい結果につながった。

今後も天井 PC 板工事は増えていくと想定されるが,筆者が 2 現場で体験したことは大変貴重な経験となった。

写真㉙㉚については，天井 PC 板の取付風景を示している。

写真㉛については，大梁から天井ファスナーが見えて，特殊クレーンで PC 板を取り付けている作業風景を示している。

写真㉜については，特殊クレーンにより作業員が上下で合図しながら，PC 板を天井ファスナーに納めている作業風景を示している。

写真㉝については，下から PC 板がせり上がり，鉄骨ファスナーに納めようと作業している風景を示している。

写真㉞については，特殊クレーン作業員がファスナーの位置を確認しながら，PC 板を取り付けている作業風景を示している。

写真㉟については，作業員が微調整をしながら PC 板を納めている作業風景を示している。

写真㊱については，微調整が終わり，ファスナーに仮ボルトを差し，さやでボルト位置をガイドしている。本ボルトに，取り替える前の状態を示している。

5. PC柱・充填石型枠

写真㊲㊳については，工事中における天井庇の鉄骨下地に，これから PC 板を取り付けようとしてところを示している。

写真㊴については，エントランス天井に PC 板が納まり，完成したところを示している。

写真㊵については，エントランス天井と PC 板の納まりディテールを示している。

6. 基礎余掘部・フーチング蓋型枠

　基礎余掘部の基礎梁下端の型枠は，基礎梁レベルコンクリートに型枠を乗せないように手前で止めて，解体できるようにしなければならない。手前で止めると隙間ができるので，ボンデ鋼板で塞ぐようにする。

　基礎梁コンクリートを一気に天端まで打設するためには，フーチング部に蓋をしなければ，打設することはできない。蓋をするには，レベルコンクリート打設のとき，アンカー筋を差筋しておき，セパレータを溶接した方がよい。

6. 基礎予堀部・フーチング蓋型枠

特殊型枠での基礎余掘部・フーチング蓋型枠における勘所と注意ポイントは，以下のことである。
①独立基礎の余掘部下端の型枠は，基礎梁レベルコンクリートに乗せず根切の予掘の端で止める。
②基礎フーチングがある場合，型枠で蓋をして打設する。

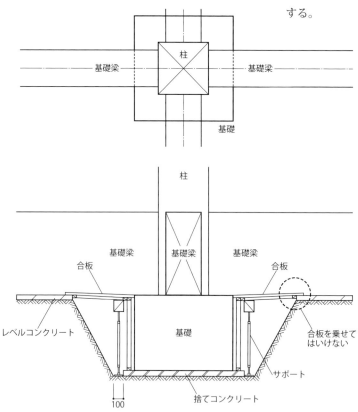

通常断面

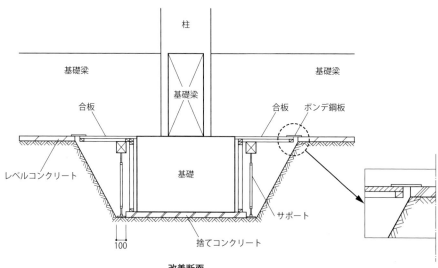

改善断面

写真①②と 126 頁の図版については，基礎梁の施工において，上図に示すようにレベルコンクリート天端に梁底合板を乗せるのが通常である。この場合，断面欠損が生じるのみでなく，型枠の解体はできなくなり，よい構造物とはいえない。

そこで，126 頁の下図に示すように梁底型枠をレベルコンクリート天端に合わせ，その取合いをボンデ鋼板で塞ぎ，問題を解消した。

写真③については，レベルコンクリート打設時にアンカー鉄筋を差筋してセパレータを溶接する。また，コンクリート打設はフーチング部も休まないで打設ができる。

写真④⑤⑥⑦⑧⑨については，地下階のない基礎コンクリートで天端に勾配があるフーチングの場合，天端も勾配なりの型枠で蓋をして，休みなく打設した方がよい。

その場合，下から側圧に耐えるようにレベルコンクリートから差筋でアンカーし，セパレータを取るようにする。

3

打込み型枠資材

1. タイパッキン

タイパッキンは，ホームタイの締め過ぎ防止のために使用するのが目的である。締め過ぎるとホームタイのまわりが沈み，凹凸が目立ち，打放し面としてはよいものではない。

凹凸に波打った壁面は，補修工事に手間がかかるだけでなく，仕上がり面の美観を損ね，寸法も不正確になりがちになる。そのときに，活躍するのがタイパッキンである。特に，コンクリート地肌の美しさを活かした打放し面には，タイパッキンは欠かすことができない。

特殊型枠でのタイパッキンにおける勘所と注意ポイントは，以下のことである。
①化粧打放し型枠工事の場合，ホームタイの締め過ぎ防止に使用する。

完璧仕上げで資材を節約

下図に示すように，単管（桟木）の外形と同じ高さ（48.6 mm）をもつタイパッキンが型枠の正しい平面を維持するので，桟木用単管の本数を節約することができる。また，このタイパッキンは何度でも転用ができるので，壁面工事の総合的なコストダウンを実現することができる。

写真①は，フォームタイの締め過ぎからくる壁面のはらみを，防止する小さな便利グッズである。

写真②については，壁面工事でのタイパッキンの納まり状態を示す。

写真③④⑤については，タイパッキンは締め過ぎ防止用に開発されたものだが，締め方によって若干の凹凸が出るため，力を入れすぎないように注意し

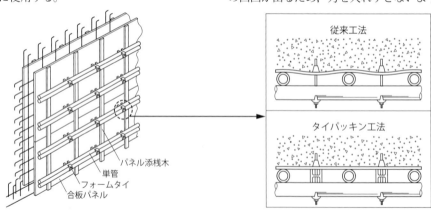

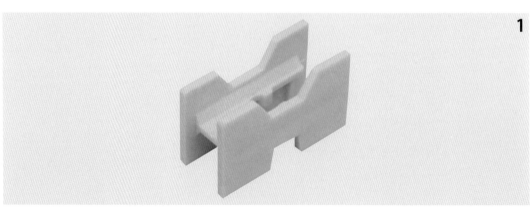

1

提供：㈱三門

た方がよい。また，取付け忘れがないかチェックした後に，全体を締めるようにした方がよい。

写真⑥⑦⑧については，階段などのようにタイパッキンを締付けしにくい場所もあるので，等分に締めるように注意した方がよい。

写真⑦については，フォームタイを締め過ぎると，Ｐコンまわりが沈むので，締め過ぎ防止にタイパッキンを使う。

写真⑧については，円型が比較的小さい場合は，横端太は鉄筋でもよい。

1. タイパッキン

写真⑨⑩については，階段壁など狭くて人の往来が多いところは，壁面の凹凸が目に付きやすいので，丁寧に締めるようにする。

写真⑪⑫については，壁面でホームタイの締め過ぎをしないため，タイパッキンを使用するが，縦端太にホームタイを付け，横端太に木桟木を使用する場合もある。

写真⑫については，通常は立ち上がり壁を一気に上部まで打設する。ただし，途中に庇がある場合には庇天端にも蓋をする。

2. ミニコン

化粧打放しコンクリートに使用されているPコンは，通常φ30 mmのものが使用されている。しかしながら，最近意匠性を考慮した，穴径φ17 mmのミニコンが開発され使用されている。穴径が小さいから，Pコン跡が目立ちにくく，かつ綺麗でコンパクトなため，化粧Pコンとして多用されている。

特に，本実型枠使用時にミニコンを使用した後で，ミニコンの穴をモルタルで埋めて色合わせをすると，まるで木の節のようになり，目立たなくなるため，全体的な本実の仕上がりが綺麗になる。

打込み型枠資材でのミニコンにおける勘所と注意ポイントは，以下のことである。
① 在来Pコンの穴径はφ30 mm，ミニコンの穴径はφ17 mm。

ミニコンの特徴

従来型のPコンのサイズはφ30 mm×25 mm，容積14.4 cm^{3}に対して，ミニコン（小口径型コン）のサイズはφ17 mm×25 mm，容積3.8 cm^{3}と小さく，従来型の約4割のサイズである。

ミニコンの特徴は，①従来型と比べ表面のコンクリート開口面積が少ないこと，②雄ねじ先端が細くなっているので，ガイドを当てたまま型枠の穴に導くことができるので型枠返し作業が迅速になること，③六角部分が型枠内に入る構造のため，コンクリートのノロが入らず，はつりやノロ削りレンチなどを使用し，コンクリートを壊すこともないこと，④本体のプラスチック部に空洞がないため，変形やつぶれることがないことなどである。

従来型のプラスチックコン

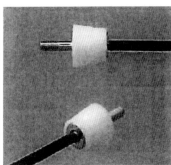
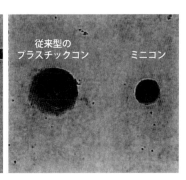

ミニコン（スギ板用，本実型枠に使用できるミニコンもある）

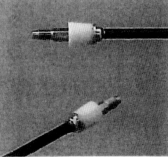
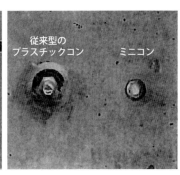

提供：㈱内山産業

2. ミニコン

強度表

新潟県工業技術総合研究所で行われたミニコンの圧縮試験と引張試験の結果を，下表に示す。

施工手順

施工手順①②③は，鉄筋施工後返し型枠の外面の穴よりガイドを入れ，ミニコンの先端の細い部分にガイドをあて，型枠を返す。

同④⑤は，ミニコンの頭をセパ穴より引き出す。枠板へしっかり密着させてから，引き寄せる。ミニコンは無垢のため，ノロが入ることはない。

同⑥は，単管締付金物をしっかり固定する。

同⑦は，通常どおりにセパレータの両端にミニコンを取付型枠の穴に通し，単管締付金具で締め付けて完了する。

強度表

圧縮試験

試験品		最大試験力 (kN)
ベニア板穴径 (mm)	No.	
8.0	1	4.27
10.5	1	3.69
	2	4.19
	3	3.95

引張試験

No.	最大試験力 (kN)
1	25.37
2	26.04
3	26.05

止水板

ミニコン止水板を装着し，セパレータにねじ込み，コンクリート打設後ミニコンを外し，止水板がコンクリート内に残り，セパレータねじ部の止水リングにより止水の向上性が図れる。

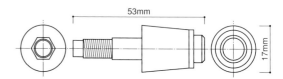

施工手順

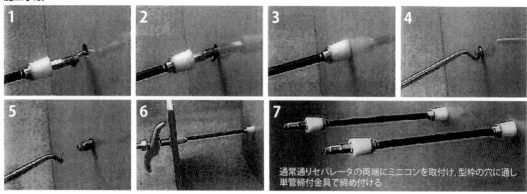

通常通りセパレータの両端にミニコンを取付け，型枠の穴に通し単管締付金具で締め付ける

止水板

地下階や寒冷地など止水の必要な場所に最適

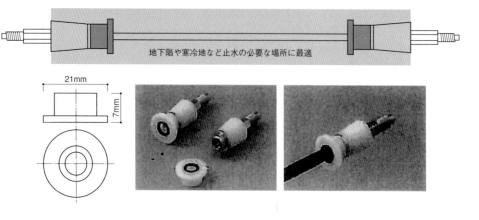

ミニPコン施工例

化粧打放しコンクリートのPコンは，φ30 mmが以前から使用されていた。最近は，φ17 mmのミニコンが製造され，化粧打放しコンクリートの場合には大分使用されるようになってきている。

外壁は，セパレータの錆が出るため，錆止めとしてもモルタルで埋めるべきであるが，内部の壁は型枠を解体して，モルタルを埋めないで，化粧の穴として見せる方法もある。

写真①②③については，止水効果を求める壁などは，写真のような止水ミニコンもあるので利用するとよい。

ミニコンで気を付けなければならないことは，セパレータの穴を大きくしないことである。ホームタイを締め付けるときに，ミニコンが食い込む場合があるためである。

写真④⑤については，ミニPコン跡，モルタル埋めなしで見せる仕上げの状況を示す。

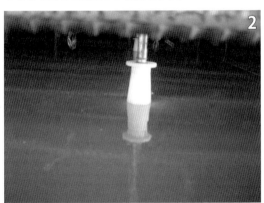

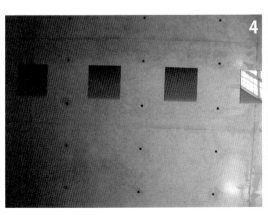

2. ミニコン

写真⑥⑦⑧⑨⑩については，一般的にはφ30 mmのPコンが使用されている。最近，筆者の担当現場でミニコンを使用したところ，外壁の面積の広い壁でも，内部の小壁でも，今まで大きいPコンを見慣れたせいか，コンパクトさを感じ，大変よい仕上がりになると実感した。

写真⑦⑨については，化粧打放しコンクリートのPコンは，今までφ30 mmがすべてだった。

今後はφ17 mmのミニコンでもPコンとして使用できるようになったため，写真のように使用した結果，コンパクトな感じで大変よい仕上がりになっている。

写真⑪については，ミニPコンの使用風景を示している。

写真⑫⑬⑭⑮⑯については，壁が本実仕上げの場合，ミニコンを用いた方が，本実が際だち良好な結果になる。

また，Pコンを色合わせしたモルタルで埋め，木材の節に見せる方法もある。Pコン穴が大きい場合は，モルタルで消すことは大変難しい。

写真⑭⑮については，本実型枠は，Pコンが小さい方がよい。

写真⑯⑰については，従来型（左側）とミニコン（右側）を比較した状況を示している。

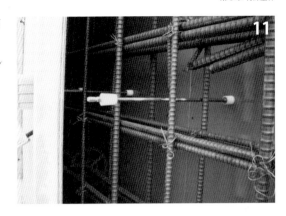

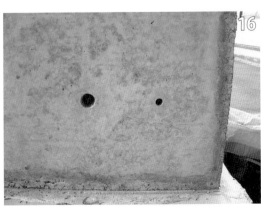

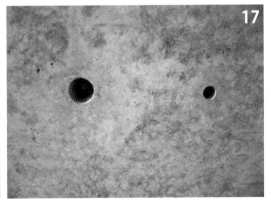

3. 丸環

丸環とは，災害時に屋上から避難するとき，または外装クリーニングのときに，作業員が利用する金物である。

打込み型枠資材での丸環における勘所と注意ポイントは，以下のことである。

①丸環の打ち込みで，シール目地の仕上がりが綺麗にできないときは，塩ビ製かゴム製の目地棒を使用するとよい。

②型枠の止め方は，細釘または接着剤で止めるとよい。

写真①については，丸環部型枠に取り付けた状況を示している。

写真②については，コンクリート打設後の脱型状況を示している。

写真③④⑤⑥⑦⑧については，丸環の取付けで目地棒の芯に付ける場合には，目地の芯ずれがないように注意する。コンクリート打設時は，位置が動く場合があるので，コンクリート打設時もときどき位置確認をすることは大切である。

写真④については，コンクリート打設前風景を示している。

写真⑤⑦については，型枠解体後の状況を示している。

写真⑧については，丸環の壁側シール目地を型枠で綺麗につくるには，ウレタン系の材料でつくるとよい。

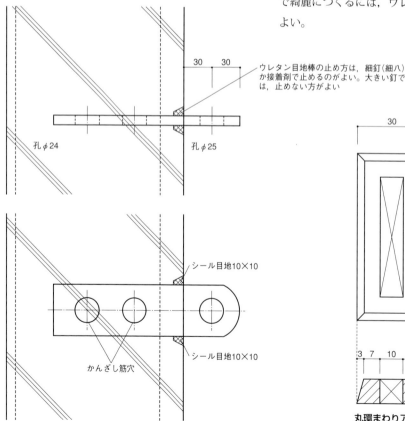

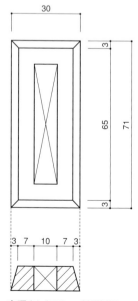

丸環まわりアンコ材詳細図

第 3 章 特殊型枠

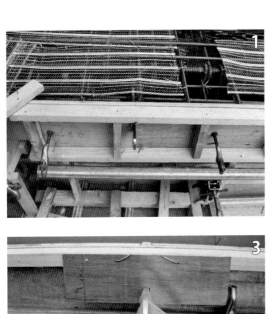

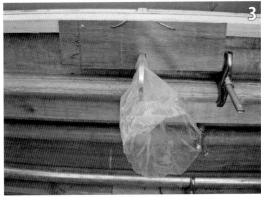

3. 丸環

写真⑨⑩⑪⑫⑬については，丸環の取付けは片側の型枠が組まれた際に，鉄筋と型枠からの出と丸環開口の垂直穴を確認し，丸環の取付けを行う。かんざし筋も付けた方がよい。

丸環まわりのアンコ材には，ウレタン系，発泡剤系，硬質ゴム系がある。型枠に止めるときは接着剤を併用とし，細釘（細八）で止めるとよい。

注意することは，コンクリートペーストが隙間から入らないように型枠に密着させることである。

写真⑩は，コンクリート打設時に，オーバーフロー管まわりのウレタン目地棒が動かないように取り付けている状況を示している。

写真⑬は，オーバーフロー管まわりのシール目地も，発泡剤系・硬質ゴム系の素材がよい。

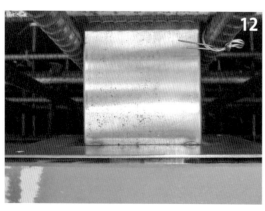

4. 鉄団子

　鉄骨工事における建方前のベースモルタルは，一般的にはモルタル饅頭方式が昔からの方法である。

　水平精度が，あまりよくないのが現状である。

　簡単でよいのはレベル調整金物（鉄団子）を打ち込むことにより，従来のモルタル饅頭の問題点である水平レベルの誤差，モルタル強度確保のための養生期間などの問題点があるため，鉄団子を打ち込むことにより，精度のよいレベルを出すことができる。

4. 鉄団子

打込み型枠資材での鉄団子における勘所と注意ポイントは,以下のことである。

①鉄骨工事で大切なことは,建方前の鉄骨ベースPL下端の水平精度である。それには,微調整のできる鉄団子を使った方がよい。

写真①②③については,中心に埋めた鉄団子のレベルを決めたら,4本のアンカーボルトに捨てナットを鉄団子レベルから5mm下げて締め,鉄骨建方工事に着手する。

写真④については,コンクリート打設前の鉄団子完了状況を示している。

写真⑤⑥⑦⑧⑨については,中心に埋めた鉄団子のレベルを決め,4本のアンカーボルトに捨てナットを鉄団子レベルから5mm下げて締め,鉄骨建方工事に着手する。

鉄団子の断面詳細図を143頁に示す。

写真⑩については,鉄団子を埋め込んでいる状況を示している。

写真⑪については,鉄団子に鉄骨柱が乗った状況

第3章 特殊型枠

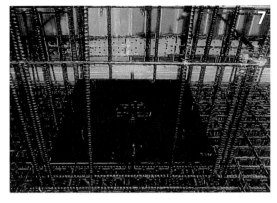

を示している。

写真⑫については，鉄骨工事建方前の鉄団子の状況を示している。

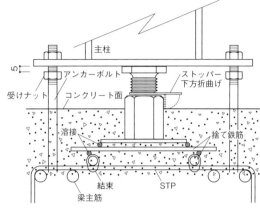

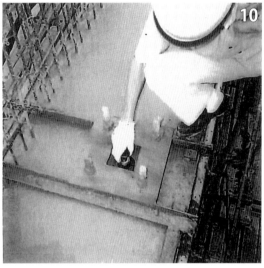

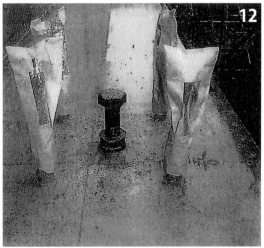

143

5. 地下二重壁排水

地下外周壁からの漏水を受ける排水溝で，排水パイプを基礎梁に打ち込み，排水ピットに落とすパイプである。塩ビパイプを基礎梁に打込み，地下外周壁からの漏水を排水溝に落とし，湧水ピットに導く配水管である。

打込み型枠資材での地下二重壁排水における勘所と注意ポイントは，以下のことである。

①地下二重壁には，排水パイプの点検用に開閉できる点検口を設けておく。

写真①②については，点検口の位置を早めに計画し，点検口の中央に排水パイプがくるようにする。

写真③については，電気配管のCD管を利用し，自由になる方が施工性はよい。コンクリート打設前に，鉄筋とのかぶりを取るようにする。

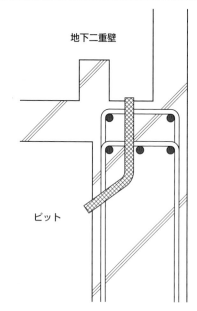

排水用打込みパイプは，位置の確認はもちろんだが，鉄筋には直に取り付けず，鉄筋とのかぶりを十分に取ることが大切である。

写真④については，地下二重壁を示している。また，鉄筋のかぶりにも注意する。

写真⑤については，コンクリート打設前風景を示している。

写真⑥⑦については，コンクリート打込完了風景を示している。

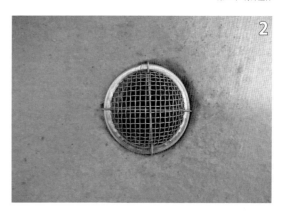

4
鉄筋工事

1. 鉄筋工事の勘所と注意ポイント

　鉄筋コンクリートの躯体では，外力に対し鉄筋が引張力に対し抵抗し，コンクリートが圧縮力に対して抵抗する。

　鉄筋とコンクリートが一体となって外力に抵抗するので，鉄筋のコンクリートかぶり厚，間隔が適正でないと，良好な製品とはいえない。

　第4章では，鉄筋コンクリート造または鉄骨鉄筋コンクリート造の建物において，どのようにしたらコンクリートの中に適正に鉄筋を配置できるかということを，長年培ってきた経験を踏まえて紹介する。

　鉄筋工事では，まずは設計図に従って配筋納まりを検討し，その配筋をどのように施工するかの施工計画を立てる。足場や鉄筋架台スペーサー，圧接継手にするのか機械式継手にするのか，鉄筋施工が先行するのか鉄骨施工や型枠施工が先行するのか，すべてが決定しないと実際に施工が実施できない。

　上記計画の勘所と注意ポイントとなる事項を，写真を交えて解説する。

　鉄筋工事の施工計画書に留まらず，鉄骨，型枠，総合施工計画書作成の一助になれば幸いである。

　写真①については，SRC造梁で梁主筋の重量に負け，かんざし筋が曲がった状況を示している。

　写真②については，階段における稲妻筋の取付け状況を示している。

　写真③④については，SRC柱の地下山留め側での鉄筋先組み要領を示している。

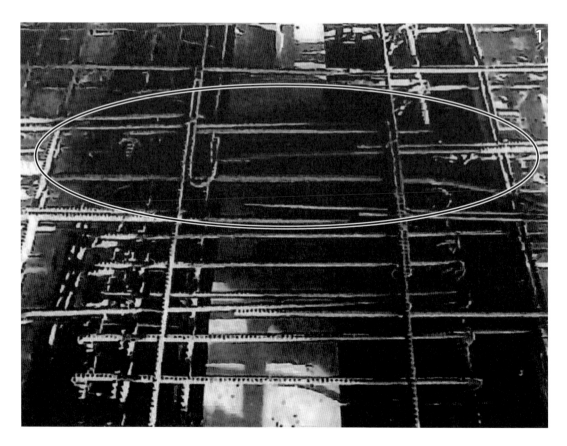

鉄筋工事における注意事項

1) 墨を出す前に,フープを巻かない。主筋位置チェック完了(かぶり確認後)とする。
2) 基礎梁ふかし筋の下がり防止のため,@1,000mm程度の金具止めとする。もしくは鉄筋うま取付けとする。
3) スラブと基礎梁が分離施工する場合は,スラブ上筋を梁に定着させる。
4) 小梁のアンカー部で,大梁が引っ張られないよう管理する。
5) 梁下にくる下がり壁の配筋を,忘れないよう管理する。
6) 土圧が掛かる部分の鉄筋については,横筋を内側とする。
7) 台直しが出た場合は,はつりをかけ自然に曲げる。終わったらモルタル埋めとする。
8) 出入り口,開口については,アンコの大きさにより差筋する。
9) 梁筋のアンカーは,柱中心を超えたところで曲げるようにする。長すぎると,柱筋を押して,柱筋が外に曲がる場合がある。
10) 梁仕口部は,フープが大切であるから,フープの乱れがないようにする。
11) バルコニー,庇などに段差がある場合,梁スターラップに庇鉄筋の受筋を忘れないようにする。
12) 梁ハンチの場合はハンチ部をダブル配筋とする。
13) 梁底の主筋とスターラップが,正しい位置に結束(全結束)されているか確認する。
14) 階段稲妻筋の差筋を確認する。
15) 基礎にピットがある場合と埋戻しになる場合は,ピット部は基礎梁とスラブを同時に打設する。埋戻しの場合は,スラブを後打ちとする。その場合は,基礎梁への差筋に注意する。
16) SRC造における梁のかんざし筋は,鉄筋の重量に負けて,かんざし筋が曲がるので,事前に強度確認をする。
17) SRC柱で地下外周壁が山留めと一体になる場合は,鉄骨柱の山留め側は柱・フープ筋とも,先組みする必要がある。
18) SRC造の場合は,梁仕口の割フープを溶接する。溶接前に,ワイヤーブラシでスラグ除去することを徹底する。
19) レベルコンクリート上にPC杭,造成杭があり,そこから柱鉄筋を立てる場合,建入れと位置に十分注意する。
20) 土間スラブ上から階段がある場合は,稲妻筋の差筋を忘れないように注意する。
21) 庇の配筋は,コンクリート打設時に作業員が乗っても下がらないように注意する。

ピット仮設開口部

写真⑤⑥⑦⑧⑨⑩については，仮設開口は配管ピット，貯水槽，湧水槽など埋戻ししない地下ピットに設けられ，型枠材料の搬出入，防水工事などが伴う。

コンクリートを後から打設してスラブに戻す場合，安全対策上，写真のようなアングルと鉄筋を組み合わせた材料ができているので，使用した方がよい。

写真⑪⑫については，スラブ内電気配線が混み合っている場合は，クラック防止のため写真のようにメッシュ筋（♯6 mm@100 mm）にて補強する必要がある。

第4章 鉄筋工事

5
コンクリート工事

1. コンクリート工事の勘所と注意ポイント

　躯体工事におけるコンクリート工事は，型枠工事，鉄筋工事がすべて完了したところで着手する。コンクリート打設に着手する際に，注意することはたくさんあるが，最終目的はジャンカ（豆板）やコールドジョイントがなく，ひび割れのない密実なコンクリートを打設することである。

　一般躯体工事でも，化粧打放しコンクリートでの目的は同じことである。

　化粧打放しコンクリートでない躯体工事は，若干のコールドジョイントはあっても仕上工事を行うので問題はない。

　化粧打放しコンクリートの場合は，化粧でそのまま見えるため，ジャンカやコールドジョイントが出ないように施工しなければならない。

　最近，躯体工事（コンクリート工事）のよくない現場を見かけるときがあるが，躯体工事に対する熱意と準備不足も考えられる。事前に十分な計画を立て，施工計画を準備して取りかかれば，特に問題はないと考えている。

　まず計画準備では，ひび割れ対策から解説する。昔は，コンクリートの骨材は川砂利，川砂を100％使用していた。河川で川を掘って採取していたが，河川法で採取できなくなり，骨材は砕石を，砂は山砂か砕砂を使用するようになった。骨材に砕石を使用するようになってから，コンクリートのひび割れが問題となるようになり，建設会社，各研究機関，大学などで研究分析した結果，ひび割れの原因はスランプだけの原因ではなく，骨材の乾燥収縮にあることがわかってきた。川砂利，川砂を使用していた頃は，ひび割れは少なかったのだが（現在においても，当時の躯体工事にはひび割れが少ない。），砕石を使用するようになってからひび割れが多くなってきた。研究結果により骨材の中でも乾燥収縮率の少ない石灰石を使用すれば，ひび割れが少ないことがわかってきた。

　最近，どこのプラントも石灰石を使用するようになり，ひび割れはかなり少なくなっている。しかし，自然の川砂利，川砂に勝る骨材はないと思う。

　次ぎに，コンクリートの打設では，化粧打放しコンクリートの場合，立ち上がりを打設するときは，片押しでスラブ天端まで打設し，そのまま壁，梁に沿って打設していく。回し打設すると，どうしてもコールドジョイントが出るようになる。

　外周壁が化粧打放しの場合はそのまま外周をまわり，外周が完了してから，中央部の壁，梁，スラブへと進み，最後にスラブで完了するように打設する。途中で雨が降ってきた場合でも，絶対に中止せずに，そのまま最後まで打設する。スラブ打設が始まったら，雨量にもよるが，5〜8mm上げて木ごてで1回均しとする。

　雨養生については，シート養生は足跡がつき，構造的にもよくないので，しない方がよい。そのまま，雨をコンクリート上に溜めることにより養生になる。雨とコンクリートは片押しで打設すれば混ざらないため，スランプには影響はない。上階の墨出し前に，雨で叩かれたコンクリート表面をレイタンスを削り取ることをしておくとよい。柱と壁など，打継ぎ部は雨で叩かれ，レイタンスがあるので，はつり取るようにした方がよい。

コンクリート工事における注意事項

1) 材料

コンクリート材料は設計仕様書に基づき，配合計画書を作成しなければならない。特に，化粧打放しコンクリートなどの場合は，ワーカビリティーがよいかということに注意する必要がある。プラントから提出された配合報告書に従って試験練りを行い，ワーカビリティーのよいコンクリートであるか否かの判断をしなければならない。

試験練りの結果がよくないときの改善方法は，AE剤，AE減水剤，高性能AE減水剤などがあるので，単位水量を変えることなく，これらで調整する。また，実際に打設する夏場，冬場の時期を考えて，配合方法も考慮する必要がある。

ワーカビリティーのよいコンクリートを打設をするには，細骨材，粗骨材も大切な要素となっている。現在，骨材は砕石仕様がほとんどであるが，よいコンクリートを打つには川砂利，川砂を100％使用したらそれが一番よいのだが，今の骨材事情では不可能なため，乾燥収縮率の少ない石灰石を使用した方がよい。コンクリートのクラックは，川砂利から砕石になってから多くなっているのが現状である。

2) 施工計画書の作成ポイント
- 工区割と打継ぎ要領
- 打設方法（筒先の状態，最初の投入位置）
- 打設順序
- 打設要員と配置
- 上下の連絡方法
- コンクリート打設担当者の作業区分
- 柱位置ごとに番号表示
- 鉄筋に付着した清掃方法と，外壁の清掃方法

3) 化粧打放しコンクリートの場合

コンクリートの色は，プラントにより若干違いがあるため，十分注意する必要がある。色違いの主な原因は細骨材とセメントにあるので，プラントと十分協議する必要がある。

また，コンクリート打設期間に温度補正値が変わる場合がある。これによりセメント量が変わると，コンクリートの違いが出る場合もあるため，注意した方がよい。

4) 運搬時間と配合計画

プラントの場合は，なるべく現場に近い方がよい。プラントで練られたコンクリートは，早く打設した方がよいからである。連続して打設した方がよいため，常に現場に2，3台待機しているようにした方がよい。

プラントが選定できるのであれば，選定方法は生産能力，運搬距離，運搬ルート，運搬時間などを総合的に判断して決める必要がある。

配合計画では，基礎マスコンの場合，高炉セメントBはひび割れ係数が高いので，発熱抑制効果が大きい中庸熱セメントを使用する。中庸熱セメントは，マスコンとしての効果が大きい。

【地上躯体について】

①混和剤

高性能AE減水剤使用の場合は，粘性が強くなり，ワーカビリティーが悪くなるため，打設方法によってはジャンカ（豆板）になりやすい場合がある。

②使用骨材

――RC構造物の乾燥収縮ひび割れについて

一般的な認識とは別に，コンクリートの乾燥収縮率に与える影響の起因としては，単位水量以外には，骨材の種類の影響も非常に大きい。

一般的に使用されている硬質砂岩より，含水率が少ない，かつ乾燥収縮が少ない「石灰石」を，骨材として採用した方がよい。

5) 打設計画

コンクリート打設計画において大切なことは，どこから最初に打設するかということである。この計画を間違えると，よいコンクリートを打設することはできない。

打設し始めは，階段部分など難しい箇所を起点とするとよい。朝一番気合いが入っているうちに，難しいところから打設すべきである。

打設方法は，化粧打放しコンクリートなどの大事なコンクリート打設は，外周を優先して片押しでスラブ天端まで一気に打ち上げることが極めて大切である。

その階の高さが，4,000 mm を超える場合は 3〜4 スパンまで約半分柱に入れて，また最初に戻り，スラブ天端まで上げる打設を繰り返しながら打設する。

打設写真にも出ているように外周を打設する場合，梁にコンクリートが流れ込まないように，エアーフェンスでコンクリートの流れを止めて打設していかなければならないので，エアーフェンスの計画も大切である。この場合，スラブの止枠などは不要である。工区割りでスラブを止めなければならない場合は，スポンジコンクリート止めにするか，エアーフェンスを横使いして止めるとよい。

6) 階段のコンクリート打設は踊り場手摺に仮開口を設けておき，そこからコンクリート打設後蓋をして，上部のコンクリートを打設する。蓋はセパレータを 2 か所仕込んでおき固定する。

7) 階段手摺はスラブ面で止めず，立ち上がりまでコンクリートを打設する。

8) 圧送ホースには半割シュートを付けておき，柱・壁内に差し込んでコンクリートを打設する。
　①足元のスラブ型枠上から落下させてコンクリートを流し込まない。
　②1 m 下までコンクリートが見えてきたら，スラブ上からのコンクリート流し込みを可とする。

9) コンクリート打設は，手間の掛かる階段から先に打設するのがよい。

10) スランプは最初から最後まで変えないで打設する。その打設の方が，平均した打設ができる。

11) 柱および壁幅が大きく，圧送ホース挿入が梁筋に当たらない場合，圧送ホースの筒先を柱，壁底まで落とし約 300 mm 程度上げて，コンクリート打設を始め，一気にそのまま上部スラブまで打設すると，ジャンカやピンホールの少ないコンクリートが打設できる。

12) バイブレーターは，柱の場合は対角に 2 本がよい。階段は，段裏に足場を組み，裏から掛けるとよい。

13) 特に，夏場のコンクリートスランプは，温度が上がると下がる傾向にあるため，プラントと綿密に連絡を取り，現場でのスランプ確認をする必要がある。

14) 打設中の降雨の場合は，コンクリート打設中に降雨になった場合，打設を中止してはならない。片押しで，最後まで休まず打設することが大切である。5〜8 mm 上げて 1 回均して，雨水を留めることが養生になり，シート養生はやらない方がよい。

シートを張るときは，足跡が残り，構造上もよいことではない。スラブ上の最後は，均し工（左官工）だけとした方がよい。

15) バイブレーターだけに頼らず，青竹も使用するとよい。

16) コンクリート打設時は，事前に下階（室内）の片付けを徹底する。

17) 打設時のコンクリート担当者は，強力懐中電灯，ハンドマイクを携帯品とする。

18) コールドジョイントのないコンクリートを打設するには，コンクリートの回し打設をすると，どうしてもコールドジョイントは避けられないため，1 回もしくは短時間に上端まで（スラブ面）コンクリートを打設する片押し打設が化粧打放しコンクリートには必要である。

19) 養生期間が終わり，型枠解体後は内部外部を問わず，部分養生はしない方がよい。養生材を撤去したときに，色変わりがあるためである。

20) 屋上防水押さえ排水溝（工法 1・2）

【工法 1】

伸縮目地を使用した屋上側溝形成・押さえコンクリートの伸縮目地を型枠として利用し，側溝を形成する。これにより，側溝と押さえコンクリートが同時に施工できる。また，V 型側溝としているため，段差もないので，メンテナンス時の躓き防止にもなる。

【工法 2】

排水溝のコンクリートが薄く，夏場の熱で割れやすいため，押さえコンクリートに食い込むようにする。

写真①②③④⑤については，屋上排水溝［工法 1］である。塩ビ製の伸縮目地棒を使用する場合，コンクリート打設前は通りがよいが，コンクリートを打

第5章 コンクリート工事

設し始めると曲がってくるので，打設中も通りを直しながらコンクリートを打設することが大切である。

この排水溝は従来の排水溝と違って，防水押さえコンクリート工事と同時に作業ができるため，工程的にも早くなり，メンテナンス的にも躓かなくて大変よい。

写真⑥⑦については，屋上排水溝［工法2］を施工する場合，夏場の直射日光の温度で防水層のアスファルトが膨張し，排水溝のコンクリートを押し上げようとし，ひび割れ現象が起きるため，押さえコンクリートの下端に食い込みをつくるとよい。

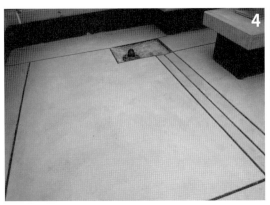

1. コンクリート工事の勘所と注意ポイント

屋上防水保護コンクリート側溝回り納まり

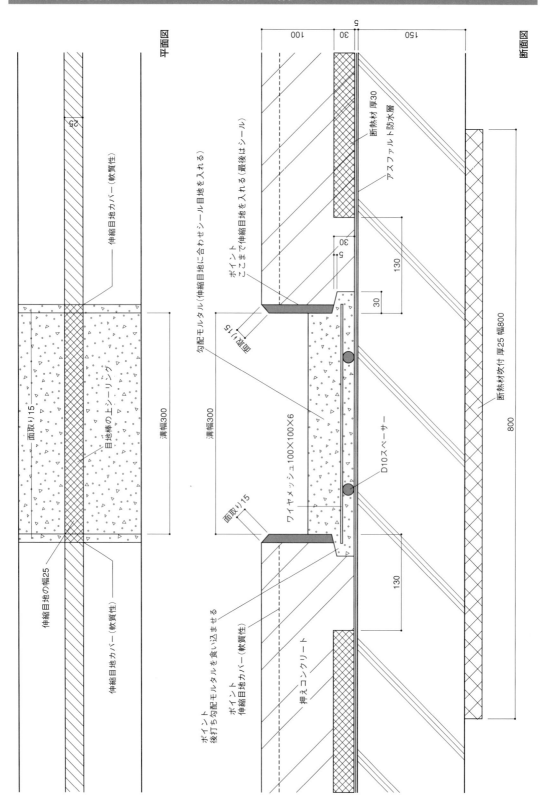

2. コンクリート打設

写真①については，外周壁の型枠の通りを建込調整用サポートで押し引きし，通りの直しが完了した状況を示している。

コンクリート打設の圧力により外周の通りが曲がってくる場合があるので，コンクリート打設時には，外壁天端にピアノ線を張り，打設中も確認しながら建込調整用サポートで調整して，コンクリート打設を行う必要がある。

写真②については，厨房，洗面所など防水するため，スラブが下がるところは，内部の立ち上がり壁枠は止めようがないので，外部枠から金物で止めるようにするとよい。

写真③については，コンクリート打設は，壁用バイブレーターも使用した方がよい。

写真④については，コンクリート打設はスラブから直接入れると，骨材が分離してよいコンクリートが打設できないため，ホースを中に入れて打設した方がよい。

写真⑤については，ホースが挿入されて打設する状況を示している。

2. コンクリート打設

写真❻については，化粧打放しコンクリート打設は，一気に休まず打設しなければならないため，下端の側圧が強いので，サポートで補強しているところを示している。

写真❼については，コンクリート打設時において，下に吹出しがある場合には確認しながら打設する。

一段下がったところに梁やスラブがある場合には，コンクリートを打設するとコンクリートが噴き出すため，写真のように途中まで型枠で蓋をして，コンクリートの噴き出しを抑える必要がある。

噴き出しにより，コンクリートの打設を途中で止めることは，コールドジョイントができてよくない。

写真❽については，コンクリートが上に上がるまでは，打設ホースを型枠の中に入れたまま打設し，スラブ下まできたらスラブを打設するようにする。

写真❾については，コンクリート打設はバイブレーターだけでなく，青竹も使用した方がよい。

写真❿については，コンクリート打設は直接スラブに打設せず，ホースを壁や柱の中まで入れてから打設するようにする。

写真⑪⑫については，下がり壁に段差がある場合は，天端に打設開口をあけておくと，コンクリートの流れがわかるのでよいことである。

写真⑬については，化粧打放しコンクリート打設は一気に休みなく打設するため，下端に掛かる側圧が強いのでサポートで補強する。

写真⑭については，階段のコンクリート打設は一気に休みなく打設するため，踊り場は型枠で蓋をして打設しなければならない。コンクリート打設は，一気に休まずに打設することが大切である。

写真⑮については，階段のコンクリート打設時では踊り場天端に 100 mm 角の開口をあけ，コンクリートの流れとバイブレーター掛けの穴とする。バイブレーター掛けの穴は，踊り場 3 か所程度が適している。

写真⑯については，地下壁コンクリートの打設状況を示している。

コンクリート打設状況

写真⑰⑱⑲においては，コンクリート打設時は今までバイブレーターのみに頼っている。バイブレーターが使用できない箇所がある場合には，バイブレーターのない時代に使用していた青竹を，これからも併用して使用していく必要がある。

写真⑳については，コンクリート打設時ではコンクリート打設担当者は懐中電灯とハンドマイクを携帯し，コンクリートの流れを把握することが大切である。

写真㉑については，コンクリートがスラブの途中まできたら，端太角などスラブに置き止める必要はない。この時点で，外周の通りをピアノ線で確認する必要がある。

写真㉒については，コンクリート打設は，外周が化粧打放しの場合は休まずスラブまで打設する。そのときは，スラブ止枠は不要である。大梁にコールドジョイントを出したくないので，エアーフェンス止めとするとよい。

3. 鉄骨工事—柱脚無収縮モルタル注入

①鉄骨工事においては,建方後の柱脚部の無収縮モルタルは,ベースプレート下端に密実に注入しなければならない。

②無収縮モルタル注入時期は,鉄骨柱建入れ精度確認と,ボルト本締め完了後とする。
また,無収縮モルタル注入後,鉄骨が動かないように固定することも大切である。

③無収縮モルタル注入時は,型枠をベースプレートから80mm前後あけることが大事である。
また,グラウト材はベースプレート天端まで,左右から一気に流し込むことが最も大切である。

【使用材料】
・無収縮モルタル(グラウト材):
　例　フィルコン-R(住友大阪セメント㈱)
　　　プレユーロックス(太平洋マテリアル㈱)

写真①については,鉄骨工事において建方後の柱脚部の無収縮モルタルがベースプレート下端に密実に注入された状況を示している。

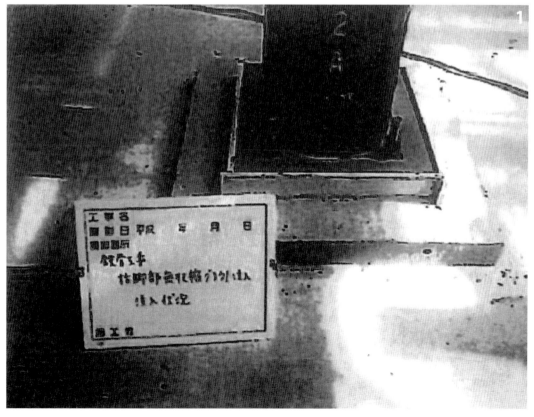

3. 鉄骨工事―柱脚無収縮モルタル注入

写真①②③④⑤⑥⑦については，無収縮グラウト注入で大切なことは，ベースプレート全部に注入することである。

型枠はベースプレートから約80 mmあけて組み立てて，モルタル注入は左右から交互に注入し，ベースプレート上端まで入れることで，ベースプレート全体に行き渡らせる。

写真③については，モルタル充填は突き棒で突きながら，ベースプレートの天端まで入れることが大事である。

写真④については，枠はベースプレートから80 mmあけるとよい。

写真⑤については，ベースプレートの天端までモルタルが注入された状況を示している。

写真⑦については，型枠解体後の風景を示している。

写真⑧については，無収縮グラウト材の外形を示している。

4. 屋根・スラブ勾配

　屋根スラブなど，勾配がある場合は交点にアングルを溶接止めし，勾配の線が出るようにした方がよい。

　また，コンクリート打設は勾配が急な場合には，型枠で蓋をして打設した方がよい。

　勾配が緩い場合には，コンクリートの重みの流れを利用し，上部から打設して低い方に打設する。

　勾配のあるスラブを打設する場合には，天気予報を確認し，コンクリート打設日が雨予報である場合は，中止した方がよい。雨量にもよるが，コンクリートが低い方に流されるためである。

　写真①②については，勾配の交点はアングルを溶接して，コンクリート天端を決めるとよい。アングルの止め方が悪いと，コンクリート圧送ポンプのホースが当たり，アングルが動き，勾配の線が違ってくる場合がある。そのため，アングルの固定は大切である。

5. 化粧打放し左官補修要領

化粧打放しコンクリート工事では，綿密な打設計画に基づき打設工事を行う。

しかし，十分に注意して打設を行っても，打設後に型枠を解体してみると，色々な問題点（ジャンカ，はらみ，角欠け，目地のずれなど）ができることがある。

そのような問題点を，どのように補修調整すればよいかを紹介する。

化粧打放し補修要領

化粧打放し面補修の基本フローを，以下に示す。

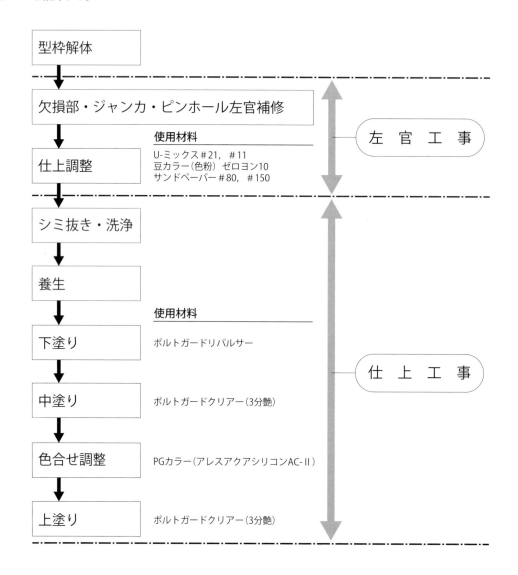

打放し補修時の塗り厚

欠き込みなどの部位を対象とする。

①塗り厚0〜4mmの場合

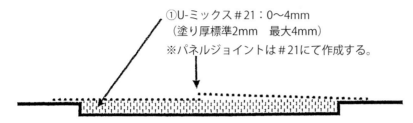

①U-ミックス#21：0〜4mm
（塗り厚標準2mm　最大4mm）
※パネルジョイントは#21にて作成する。

②塗り厚4〜9mmの場合

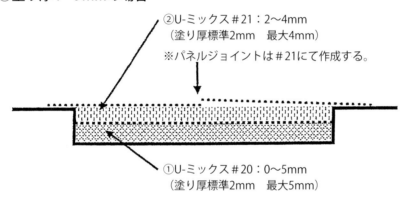

②U-ミックス#21：2〜4mm
（塗り厚標準2mm　最大4mm）
※パネルジョイントは#21にて作成する。

①U-ミックス#20：0〜5mm
（塗り厚標準2mm　最大5mm）

③塗り厚10mmを超える場合

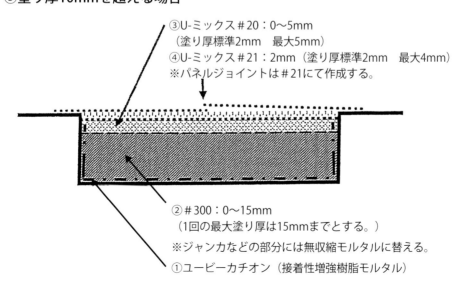

③U-ミックス#20：0〜5mm
（塗り厚標準2mm　最大5mm）
④U-ミックス#21：2mm（塗り厚標準2mm　最大4mm）
※パネルジョイントは#21にて作成する。

②#300：0〜15mm
（1回の最大塗り厚は15mmまでとする。）
※ジャンカなどの部分には無収縮モルタルに替える。
①ユービーカチオン（接着性増強樹脂モルタル）

ジャンカ補修・躯体調整・ピンホール補修

【ジャンカ補修・躯体調整要領】

ジャンカ・躯体調整部分の左官補修は，以下の手順で行う。

①ジャンカなどの部分はつり出し
②地付け（無収縮モルタル）
③中塗り（U-ミックス#21）
④上塗り（U-ミックス#11）
④'パネルジョイント作成（上下左右にパネルジョイントの高低差をつける）
↓養生1週
⑤ペーパー掛け（サンドペーパー#80）
⑥ペーパー掛け（サンドペーパー#120）

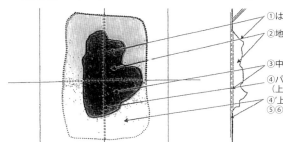
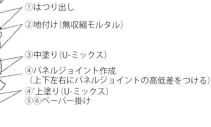

- ①はつり出し
- ②地付け（無収縮モルタル）
- ③中塗り（U-ミックス）
- ④パネルジョイント作成（上下左右にパネルジョイントの高低差をつける）
- ④'上塗り（U-ミックス）
- ⑤⑥ペーパー掛け

【ピンホール補修】

ピンホールは，基本的には補修しないこととする。ただし，以下の場合については右記要領に従って補修を行う。

①小豆大の大きさのピンホール
②ピンホールの集団発生

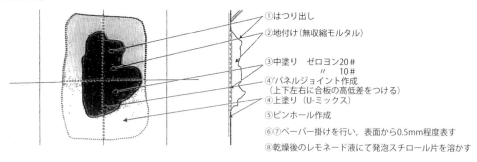

- ①はつり出し
- ②地付け（無収縮モルタル）
- ③中塗り　ゼロヨン20#
  　　　　〃　10#
- ④'パネルジョイント作成（上下左右に合板の高低差をつける）
- ④上塗り（U-ミックス）
- ⑤ピンホール作成
- ⑥⑦ペーパー掛けを行い，表面から0.5mm程度表す
- ⑧乾燥後のレモネード液にて発泡スチロール片を溶かす

【ピンホール作成】

全面補修を行った場合は，ピンホールを人工的に作成する。

[ピンホールを作成する場合]
①ジャンカなど部分はつり出し
②地付け（無収縮モルタル）　NSポリマミックス　#300
③中塗り（U-ミックス#21）　　　〃　　　　　　#30
④上塗り（U-ミックス#11）　NSゼロヨン　#10
④'パネルジョイント作成（上下左右にパネルジョイントの高低差をつける）
　　↓養生1週
⑤ピンホール作成
⑥ペーパー掛け（サンドペーパー#80）
⑦ペーパー掛け（サンドペーパー#120）
⑧レモネード液を使用して発泡スチロールを溶かす

①はつり出し

②上塗り後，発泡スチロール片を埋める

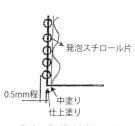
③ペーパー掛けを行い#120，発泡スチロール片を表面から0.5mm程度表す

④補修材乾燥後，レモネード液にて発泡スチロール片を溶かす

第5章 コンクリート工事

角欠け補修

【角欠け（ピン角）補修フロー】

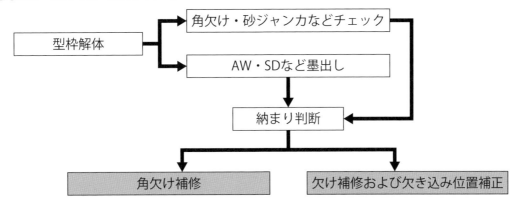

【補修判断基準】

- シーリング幅20 mmを基準とし，サッシの取付位置を±5 mmの範囲で調節し，できるだけ現状躯体に地付けしないようにする。
  ※ただし，欄間サッシはカーテンボックスが連続するので±3 mmを調整範囲とする。

- 上記判断は化粧打放し仕上がりおよび水仕舞いの観点から，担当係員がチェック・記録を取り，判断することとする。
  ※各所取合いで判断基準は，変わる場合がある。

【角欠け（ピン角）修復要領】

角欠け，砂ジャンカを修正する場合

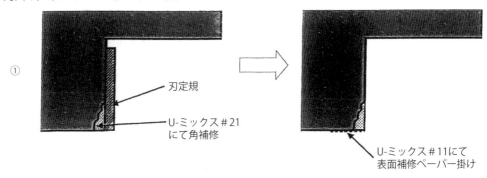

併せて欠き込み位置を修正する場合

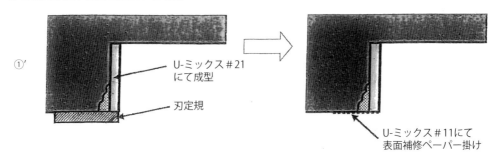

目地補修

【目地補修フロー】

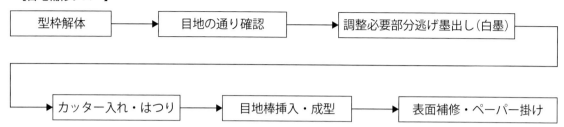

【目地補修要領】

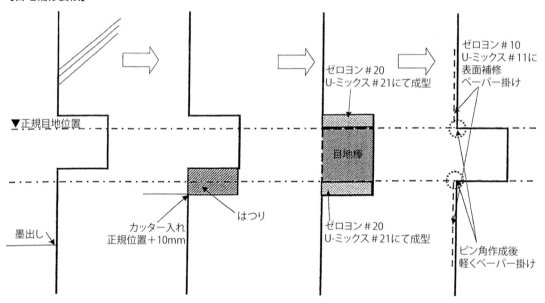

【内部左官目地作成要領】

内部の目地および金物，建具取合いの目地はすべて左官目地とする。

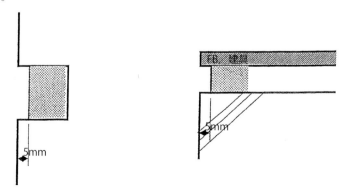

Pコン埋め

型枠解体 → Pコン埋め

【Pコン埋め要領】

Pコン埋めの寸法(落とし寸法)および材料(色粉配合)は以下による。

目地仕上材はシールとするが,仕上げはPコン仕上げと同じにする。

写真①②については,ミニPコンの状況を示している。

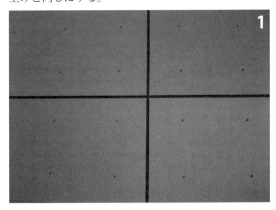

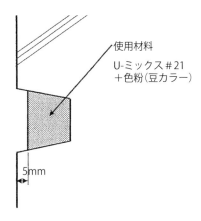

使用材料
U-ミックス#21
＋色粉(豆カラー)

5mm

ピンホール作成

化粧打放しコンクリートは，打設時に綿密な打設計画に基づいて打設しても，ジャンカ（豆板）はできるものである。

ジャンカができた場合は，補修材にて補修後，ピンホールも作成しなければならない。

ピンホール作成は，モルタル補修材で上塗り後，発泡スチロール片をモルタルに埋め，1～2日後ペーパー掛け（サンドペーパー#120）を行い，発泡スチロール片を表面から0.5mm程度表し，レモネード液にてスチロール片を溶かす方法がよい。

写真③については，発泡スチロール材をモルタルに左官こてで埋め込んだ状況を示している。

写真④については，発泡スチロール材を左官こてで埋め込んでいるところを示している。

写真⑤については，レモネード液にて発泡スチロール材を溶かしているところを示している。

写真⑥については，ピンホールができた状態を示

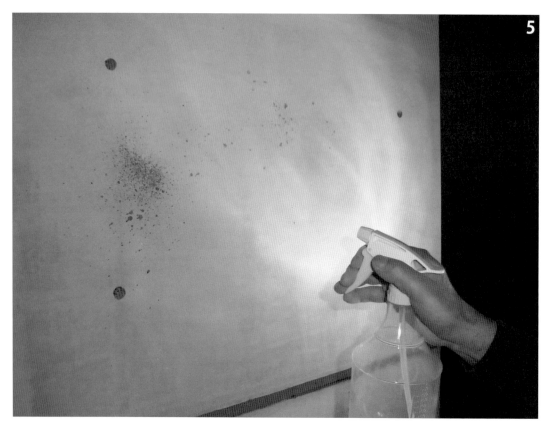

している。

写真⑦については，発泡スチロール材の埋め込みが完了した状態を示している。

写真⑧については，ピンホールができた状態を示している。

写真⑨については，コンクリート表面にピンホールができた状態を示している。

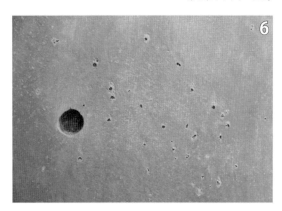

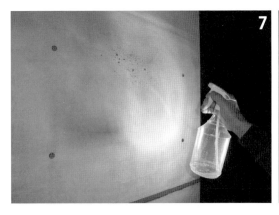

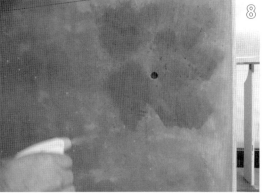

6. 施工手順

施工手順

1) ピンホール，ジャンカなど不具合部分を確認する。
2) セメントまたは塗料のはみ出し，飛び散りを防ぐため，養生ビニール，養生テープで養生を行う。
3) 不具合部をモルタルで補修する。
4) 板目・柾目を強調するようにペーパー掛けをする。
5) モルタル補修の跡を周囲の色に合わせ，木目模様を違和感のないように再生する。
6) 下塗り材のポルトガード1000を，塗り残しのないように施工する。必ず1日以上の塗装間隔を確保する。
7) 中塗り材のポルトガード3000をむらなく均一に塗装する。
8) クリヤーの乾燥を待って，色違い，色むらなどを確認し，違和感のある部分の色調整を行う。
9) 上塗り材のポルトガード水性フッ素カラークリヤー（1%）をむらなく均一に塗る。

注：カラークリヤー1%とは，ポルトガード水性フッ素クリヤー100%に対し，重量比1%を混入

使用材料

	品名	特性，使用法
1	ポルトガード1000	吸い込み止め，裏水抵抗性 塗布量0.13〜0.15kg/m^2
2	ポルトガード3000	下地保護，耐久性，意匠性 濡れ色防止効果 塗布量0.10〜0.13kg/m^2
3	ポルトガード水性フッ素クリヤー	下地保護，耐久性，意匠性 塗布量0.10kg/m^2
4	PGカラー	色合わせ用塗料
5	普通ポルトランドセメント	粉体
6	白セメント	粉体
7	NSゼロヨン＃10，＃20	補修用モルタル プレミックス粉体
8	NSハイフレックスHF-1000	モルタル接着混入剤

提供：㈱セントラルコンクリート

スギ板本実面　フッ素樹脂クリヤー化粧仕上施工仕様

工程	施工要領	確認事項
① 素地調整	ピンホール，ジャンカなどをモルタルで埋める。 本実型枠巾の板目化粧調整を行う。 木目の凹凸をモルタルで再生する。 ペーパー掛けは，板目・柾目を強調 するように行う。	素地の乾燥状態確認 （含水率10%以下） 素地の表面状態確認 （目違い・ジャンカ・損傷部 エフロレッセンス・クラックなど）
② 本実再生	本実欠損部の周囲にある色から何色 か決定し，本実模様を違和感のない ように再生する。 　塗装方法：筆，刷毛，ウエス，フェルト， 　　　　　　スギ板，スプレー	違和感のない表情を確認
③ 下塗り	ポルトガード1000塗装 　塗布量：0.13〜0.15kg/m² 　塗装間隔：16時間以上 　塗装方法：刷毛，ローラー，スプレー	気象条件の確認 （5℃以上，湿度85%以下） 作業条件の確認 （足場，安全など）
④ 中塗り	ポルトガード3000塗装 　塗布量：0.10〜0.13kg/m² 　塗装間隔：2時間以上 　塗装方法：刷毛，ローラー，スプレー むらなく均一に塗装する。	気象条件の確認 （5℃以上，湿度85%以下） 作業条件の確認 （足場，安全など）
⑤ 色調整	PGカラー 　塗布量：必要量 　塗装間隔：2時間以上 　塗装方法：エージング	違和感のない表情を確認 クリヤー塗装後の色調微調整
⑥ 上塗り	ポルトガード水性フッ素カラークリヤー塗装 　塗布量：0.08〜0.11kg/m² 　塗装方法：刷毛，ローラー，スプレー むらなく均一に塗装する。 塗りすぎによるタレなどに注意	気象条件の確認 作業条件の確認 仕上がり確認

【写真掲載リスト】
● 株式会社カインズ「本社ビル」
86頁：写真14, 87頁：写真16, 114頁：写真1, 124頁：写真37・38・39・40
● 全国工業高等学校長協会「工業教育会館」
16頁：写真1・2, 17頁：写真4・5・7, 84頁：写真1・2, 86頁：写真11・12・13
● 拓殖大学第一高等学校「シンボルタワー」
59頁：写真17・18
● 東洋大学「板倉キャンパス」
59頁：写真20・21, 90頁：写真33, 91頁：写真34・35
● 東洋大学「川越キャンパス」
16頁：写真3, 17頁：写真6, 18頁：写真8・9・10・11, 19頁：写真12・13・14・15・16, 50頁：写真3, 53頁：写真17, 54頁：写真18・19, 56頁：写真2, 58頁：写真10・11・12・13・14・15・16, 85頁：写真8, 88頁：写真21・22, 89頁：写真23・24・25・26・27, 90頁：写真29・30, 91頁：写真36・37・38, 92頁：写真39, 40, 41, 42, 43, 44, 93頁：写真45, 46, 47, 48, 49, 50
● 東洋大学「白山キャンパス」
44頁：写真5, 137頁：写真12・13・14・15
● 法政大学「市ヶ谷キャンパス」
44頁：写真8, 45頁：写真9・10・12, 46頁：写真15・16・17・18・19・20, 171頁：写真2
● 三井住友海上「赤坂クラブ」
135頁：写真1, 136頁：写真6・7・8・9・10
● 明治安田生命保険相互会社「明治安田生命飯田橋ビル」
84頁：写真6, 85頁：写真5・7, 87頁：写真15・17・18, 88頁：写真19・20, 90頁：写真32

著者略歴
藤井良一（ふじい りょういち）

1941年	鹿児島生まれ
1959年	鹿児島県立岩川高等学校建築科卒業
1965年	個人事務所開設
1983年	（株）建設技術センター入社
1989年	（株）日建アクトデザイン東京入社
	（株）日建設計出向　監理部配属
2001年	（株）日建設計監理部参事
2006年	同社退社
	同社より業務委託
	現在に至る
	一級建築士

フジイ流 RC 造の
躯体工事における品質監理の極意

発行	2018年10月17日
著者	藤井良一
発行者	橋戸幹彦
発行所	株式会社建築技術
	〒101-0061 東京都千代田区神田三崎町 3-10-4 千代田ビル
	TEL03-3222-5951 FAX03-3222-5957
	http://www.k-gijutsu.co.jp
	振替口座 00100-7-72417
造本デザイン	春井 裕（ペーパー・スタジオ）
印刷・製本	三報社印刷株式会社

落丁・乱丁本はお取替えいたします。
本書の無断複製（コピー）は著作権法上での例外を除き禁じられています。
また，代行業者等に依頼してスキャンやデジタル化することは，
例え個人や家庭内の利用を目的とする場合でも著作権法違反です。

ISBN978-4-7677-0159-2
©Ryoichi Fujii 2018
Printed in Japan